来澳门

旅游的100个理由

刘雅煌 ◎ 主编

人民日报出版社

图书在版编目（CIP）数据

来澳门旅游的100个理由 / 刘雅煌主编. —北京：人民日报出版社，2017.1
ISBN 978-7-5115-4506-0

Ⅰ.①来… Ⅱ.①刘… Ⅲ.①旅游指南—澳门 Ⅳ.①K928.965.9

中国版本图书馆CIP数据核字（2017）第026923号

《来澳门旅游的100个理由》©2015 一带一路出版社
著作权合同登记号　图字：01-2018-1966

书　　名：	来澳门旅游的100个理由
主　　编：	刘雅煌
出 版 人：	董　伟
责任编辑：	袁兆英
封面设计：	中尚图
出版发行：	人民日报出版社
社　　址：	北京金台西路2号
邮政编码：	100733
发行热线：	（010）65369527　65369512　65369509　65369510
邮购热线：	（010）65369530
编辑热线：	（010）65363105
网　　址：	www.peopledailypress.com
经　　销：	新华书店
印　　刷：	北京中科印刷有限公司
开　　本：	710mm×1000mm　1/16
字　　数：	260千字
印　　张：	18
印　　次：	2018年4月第1版　2018年4月第1次印刷
书　　号：	ISBN 978-7-5115-4506-0
定　　价：	88.00元

目录 contents

来澳门旅游的 100 个理由

序 __ 001

风光无限，与祖国一齐腾飞 __ 004

"回归十八年，数字看澳门" __ 006

"一带一路"倡议与海上丝绸之路 __ 009

A　澳门为什么万人迷 _ 013

B　人文澳门 _ 021

01　一睹"海上花园"澳门的真面目 __ 024

02　蓝天白云下寻一份心的宁静 __ 026

03　追溯澳门历史，想象百年前的今天 __ 028

04　在"不夜城"邂逅一段美丽故事 __ 030

05 和澳门人交个朋友 __ 034

06 岁月涤荡澳门街 __ 036

07 澳门文学"两生花" 中西交融送暗香 __ 038

08 心诚则灵，寻找精神的归属地 __ 040

09 优雅的曾经，建筑与婚纱相得益彰 __ 042

10 妈阁、妈祖：澳门的文化之根 __ 044

11 舞动澳门风情，那是怎样的唯美 __ 046

12 寻访革命先驱孙中山、叶挺在澳足迹 __ 048

13 追寻郑观应与他的理想 __ 050

14 澳门城小社团多，凝集爱心与创新活力 __ 051

15 融汇中西教育，狂练"三文四语" __ 052

16 莲花清香人心醉 __ 054

C 大美澳门 _ 057

17 风格迥异的三个小岛，给你多重享受 __ 060

18 中国风、葡国韵，混搭建筑最有情调 __ 062

19 融贯中西的世界文化遗产，怀旧风情挥之不去 __ 064

20 不到大三巴，不算来过澳门 __ 068

21 哪吒庙、关帝庙、观音像，从未改变的宗教传统 __ 070

22 见证明朝 vs 葡国，胜负成败随风去 __ 074

23 外国的"月下老人"也懂得牵根红线吧 __ 075

24 赴一赴热闹非凡的康公诞 __ 076

25　来议事亭前地感受地中海气息__ 077
26　去教堂里追溯澳门的城市记忆，品味"东方梵蒂冈"__ 078
27　庭院深深，倾诉从未改变的中国心__ 080
28　窥视烟花柳巷远去的背影__ 082
29　去中国第一所西式剧院听歌剧__ 083
30　拜谒圣老楞佐堂内保佑平安的风信之神__ 084
31　澳门历史悠久的舟楫文化__ 086
32　一方水土养一方人，喝水不忘挖井人__ 088
33　逛逛澳门达官贵人区，一不小心与名人邂逅__ 089
34　登高望远，念天地之悠悠__ 090
35　在喧嚣闹市中的绿洲赴一场顶级宴会__ 092
36　在澳门海边赏江南园林的风姿__ 093
37　与大陆相连的"莲花茎"，定格特殊的历史__ 094
38　不可遗忘的那段血泪与耻辱__ 095
39　再唱《七子之歌》，重温"回家"之路__ 098
40　比巴黎埃菲尔铁塔还高还好玩__ 100
41　澳门蛋，体育事业强大的结晶__ 101
42　举家同游好去处—渔人码头__ 102
43　三桥飞架镜海长虹__ 104
44　有佛就拜，有神就求，总不会错__ 106
45　世界最长的跨海大桥—港珠澳大桥__ 107

46 迷上政府总部的童话色彩__ 108

47 品味舒淇和刘德华第一次约会的浪漫之地__ 109

48 寻根，穿越时空隧道的博物馆之旅__ 110

49 极尽奢华，尽显高贵，酒店就是你的专属游乐场__ 116

50 乘贡多拉游威尼斯大运河__ 126

51 参与葡京酒店演绎的辉煌传奇__ 128

52 只愿夜夜相拥"威斯汀"__ 129

53 放飞心情，就去公园疯玩__ 130

54 寻找澳门最后一处净土__ 132

55 个性十足的特色博物馆，展示奇趣、精致的澳门__ 134

D 狂欢澳门 _ 141

56 张灯结彩、欢天喜地，传统节日大过天__ 146

57 他们都在狂欢，我们还等什么__ 148

58 借着各方神仙的名义，祈福、祭祀，还有闹腾__ 150

59 艺术无国界，让音乐拉近心与心的距离__ 152

60 更快、更高、更强，体育是实力腾飞的展现__ 154

61 特色嘉年华令人忘情__ 158

62 体会"母子"相见的感动__ 162

63 一边派对，一边赚钱__ 164

64 刨狗经，看赛狗，亚洲仅此一家__ 168

65 澳门可是亚洲赛马的发源地哦__ 170

E 澳门滋味 _ 173

66 去澳门吃经典的葡国菜 __ 176
67 逛人气最高的平民美食街—官也街 __ 180
68 在 300 多年的古堡里喝下午茶 __ 182
69 秋高气爽到黑沙滩烧烤 __ 184
70 爱上浓郁的葡式蛋挞 __ 185
71 纵情一夏，热爱"兰桂坊"的平民夜生活 __ 186
72 寻一杯地道的瓦煲咖啡 __ 188
73 抢鲜品味大利来猪扒堡 __ 189
74 尝一尝"左麟右李"都要帮衬的水蟹粥 __ 190
75 礼记雪糕，让我缅怀一下童年 __ 191
76 平、靓、正，名贵海鲜花样多 __ 192
77 心动，琳琅满目的葡国美酒 __ 194
78 路环大排档，别样情致临海风 __ 196
79 "大声公凉茶"爽心悦肺好大声 __ 197
80 叹尽"三盏灯"，玩转东南亚美食嘉年华 __ 198
81 夏日乐 Fun，物美价廉品靓果 __ 200
82 祥记猪油捞面，蔡澜念念不忘的美味 __ 201
83 "印度滋味"异国风情 __ 202
84 尽情试吃，从街头尝到街尾 __ 204
85 小手信，大心意，好吃带回家 __ 206

F 购物天堂 _ 209

86 "海啸式扫货",名牌服装、化妆品和香水诱惑_ 212

87 珠光宝气,金光闪闪带回家_ 214

88 "草根"乐趣,在文创聚集区流连忘返_ 215

89 以"艺术"之名,逛逛画廊、书店、古玩城_ 218

90 跳蚤市场,我们赶集去_ 220

91 药品护肤品成"手信",到澳门保养健身_ 222

92 最IN的数码装备,做一个有理想的数码潮人_ 223

93 个性定制,细细揣摩陶瓷的温柔表情_ 224

94 悭得就悭,海味、香料、药材一网打尽_ 226

G 住行无忧 _ 228

95 喜欢"过关"的感觉_ 234

96 全球第二个填海造陆的飞机场_ 236

97 公交、的士、发财巴还有在建轻轨所构成的立体交通_ 238

98 跟着感觉走,迷失在澳门_ 240

99 想怎么走,就怎么走,我的地盘我做主_ 242

100 想住哪里,就住哪里,澳门处处有你舒适的家_ 248

H 澳门之最 _ 268

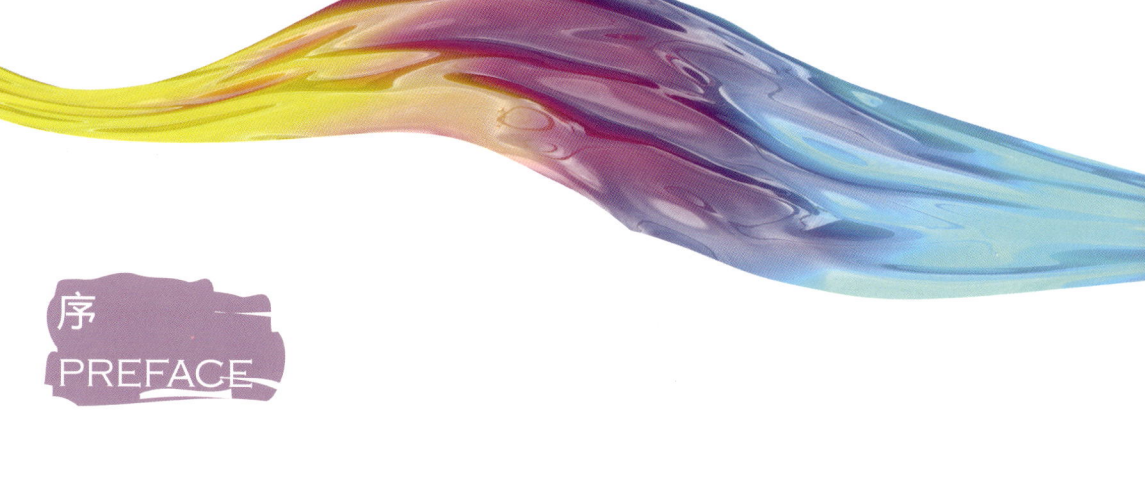

序
PREFACE

　　旅游具有整合美丽世界的力量。澳门以旅游产业为先锋,具备走向世界、打造"世界旅游休闲中心"的条件。澳门回归祖国以来,在中央政府大力支持和特区政府的领导下,经济发展突飞猛进,社会和谐稳定,"一国两制""澳人治澳"高度自治得到成功实践。习近平主席视察澳门时勉励澳门同胞要充分发挥"一国两制"的制度优势,善于从祖国发展大势中把握机遇,更好搭乘祖国改革发展的快车,扎实推动澳门经济社会持续健康发展。

　　澳门特区行政长官崔世安博士表示,澳门将把握21世纪海上丝绸之路建设的大好机遇,发挥澳门的独特优势,在增强现有旅游实力的同时,加快培育综合旅游和新兴产业的发展。放眼未来,"旅游+文创"产业将成为澳门可持续发展的关键。一方面,对澳门而言,旅游业就是本地最重要的支柱产业。另一方面,文化创意产业正在为澳门经济多元化注入新的活力。

　　曾入选世界知名旅游系列书籍《孤独星球》与被评为2015年"十大最佳旅游地区"的澳门是海峡两岸及港澳地区唯一的入选地。除了世遗"澳门历史城区"中的大三巴、旅游塔、妈祖阁等耳熟能详的核心旅游区之外,糅合万种风情的中西美食文化,百年历史的茶楼酒肆,隐藏在小巷深处的传统手工艺门店,都让澳门更具无穷魅力。

由本人主编的《来澳门旅游的 100 个理由》一书，经过多方的考察研究与校对，曾在澳门结集出版，受到大众及游客的喜爱。书中将旅游与文创结合，所陈"100 个理由"细数澳门独特魅力，展示澳门"万人迷"的多元风采，为广大读者诠释澳门作为"一国两制"典范下"海上花园之城"的另一番韵味，同时也彰显了澳门民间和政府发展经济适度多元的决心和努力。

为庆贺澳门回归 18 周年，同时也庆祝联合国教科文组织日前评定澳门为"创意城市美食之都"，人民日报出版社和一带一路出版社合作修订本书，现正式在内地出版发行，我衷心感谢人民日报出版社董伟社长长期的支持与协助，由衷期待这本被央媒誉为"访澳宝典"的书籍能为广大旅行者和读者呈现一个风光无限、魅力万种的澳门。

在践行"一国两制"的制度优势，坐拥区位、市场和资金优势条件下，澳门发展旅游业得天独厚。习近平总书记在十九大报告中指出，要坚定文化自信，激发全民族文化创新创造活力。澳门要抓住"一带一路"建设的机遇，在深化开放中扩大和提升独特优势，配合国家发展。让澳门社会各界意识到国家和澳

门未来发展的广阔前景,尤其是本地旅游业、文创业、会展业等业界人士也深受鼓舞,为加快将澳门建设成为世界旅游休闲中心,推动经济适度多元发展贡献绵力!在这个"华丽转身"的大时代背景下发行此书,为读者呈现一个博彩以外不一样的魅力澳门!

全国政协委员
澳门旅行社协会会长
澳门创意产业协会会长
刘雅煌
2017年11月于澳门

风光无限,与祖国一齐腾飞

澳门,镶嵌在祖国大陆与南海之间的一颗明亮的珍珠。

澳门开埠400年,经受过历史沧桑,浸润过中西文明,由此构成了它独特的文化底蕴与城市风貌。

1999年12月20日,伴随中华人民共和国国歌的奏响,五星红旗冉冉升起,澳门回归祖国。22多平方公里的小城从此脱胎换骨,在祖国的怀抱中实现惊人的跨越式发展。而澳门成功的基石,是正确处理"一国两制"的伟大构想。按照澳门《基本法》"澳人治澳"高度自治的方针,从而促进了澳门的经济走向繁荣。

澳门牢牢抓住国家飞速发展的机遇,积极将自身纳入国家整体战略规划,全面深化与内地合作,一批重要工程建设取得实质性进展,横琴开发如火如荼,粤澳经济整合深度推进,共同繁荣的凯歌正在奏响。回归以后的这段时间成为澳门有史以来发展最快的历史时期。

据2014年世界银行经济体排名,澳门人均GDP位列亚洲第二、世界第四,产业结构从博彩业"一业独大"向适度多元化均衡、健康发展。居民生活不断改善,失业率从回归初期的6.3%下降至1.7%。各项事业全面进步,社会福利体系日益健全。有着深厚爱国爱澳传统的澳门,"国家好、澳门好"已成为社会共识。

在世界舞台上,澳门也如新星般冉冉升起。回归前,澳门加入的国际组织有50个左右，现已增加到110多个；以"中国澳门"名义出席的国际会议数不胜数；适用于澳门的国际公约及修正案超过500项。澳门逐渐建成中国与葡语国家商贸合作服务平台。在世界经济发展格局中，澳门的区位优势日渐彰显，独特的历史文化优势逐步被发掘，国际知名度越来越高，国际地位不断提升。

　　澳门回归与发展适逢祖国深化改革扩大开放的大好时机，澳门的命运与祖国的命运连在一起，澳门与祖国一起腾飞。

"回归十八年,数字看澳门"

22 和 30.5
截至2016年底,澳门的陆地面积从回归前的22平方公里发展到目前约30.5平方公里,以及新增85平方公里水域,人口由回归前的42万余人增长到目前的64.4万余人。

4432.9 亿和 8.9 万
从1999年到2016年,澳门本地生产总值由502.7亿澳门元增加到3582亿澳门元;澳门人均本地生产总值由1.5万美元增至5.5万美元,增长3.6倍。

37
由美国传统基金会与《华尔街日报》共同发布"2016经济自由度指数",在全球186个经济体中,澳门排在第37位。

80%
调查显示,在被问及自己作为中国公民是否自豪时,回答有自豪感的澳门居民一直保持80%以上的高比例。专家认为,澳门不仅实现了法理上的回归,还实现了人心的回归。

134
截至2017年7月,给予澳门特别行政区护照免签证或落地签证待遇的国家和地区共134个。

1 + 10
2003年10月17日,《内地与澳门关于建立更紧密经贸关系的安排》(CEPA)及其附件在澳门正式签署。此后10年,中央有关部门和特区以一年一项的速度陆续签署10项

ＣＥＰＡ补充协定。

8985 万
2003 年 7 月，内地多个城市陆续实施居民赴澳门"个人游"，截至目前，已有 49 个城市对澳门开放"个人游"。从 2003 年 7 月底至 2016 年底，内地赴澳"个人游"超过 8985 万人次。

3095 万
2016 年，澳门全年入境旅客达到 3095 万人次，约为当前本地人口的 48 倍。

383
2014 年 1 月 1 日起，内地对澳门服务贸易领域累计总开放措施达到 383 项；在贸易投资便利化方面，于 10 个领域开展合作。

1.9%
回归 18 年来，澳门失业率大幅下降，由回归初的 6.3% 下降至 2016 年的 1.9%，实现充分就业。

83
澳门居民预期寿命从回归初期80.7岁提高到83岁左右，居世界经济体第四位。

13％
"澳门历史城区"成为世界遗产后，这个城市13％的土地面积成为了遗产保护区。

1276
2016年，澳门举办的各类会议及展览活动高达1276项，其中会议1195项，展览55项。

15
澳门是世界上少数从幼儿园到高中实施15年义务教育的地区之一。

"一带一路"倡议与海上丝绸之路

2013年下半年，习近平主席在访问哈萨克斯坦和印度尼西亚期间分别提出了建设"丝绸之路经济带"和"21世纪海上丝绸之路"的战略构想。"一带一路"的战略构想其主要内容是通过政策沟通、设施联通、贸易畅通、资金融通以及民心相通来促进沿线各国的互联互通、深化全方位的合作，建立一个政治互信、经济融合、文化包容的利益共同体、命运共同体和责任共同体。"一带一路"体现了处在重要战略机遇期的中国适应新常态发展的国家战略，澳门在这国家战略中占有突出的位置。

作为古代海上丝绸之路曾经的重要港口，澳门与邻近的香港、广州、深圳、珠海等一起，眼下正集结为21世纪海上丝绸之路南部出海口城市矩阵，而每座城市也从自身地理特点出发进行定位。为积极回应习近平主席提出的建设"21世纪海上丝绸之路"的倡议，澳门社会各界也积极探讨和研究澳门在海上丝绸之路战略中的作用，以及与海上丝绸之路沿线各国和国内省市的旅行洲际旅游合作和商机。

澳门特别行政区行政长官崔世安指出，澳门曾经是海上丝绸之路重要纽带，是东西方文明交流的重要视窗。丝绸之路承载的和平合作、开放包容、互利互惠的精神值得当代人学习。展开对海上丝绸之路的深层讨论，适应开拓国际经贸空间的需要，符合推进亚洲区域合作、促进世界和平与发展的时代要求。澳门将把握"21世纪海上丝绸之路"建设的大好机遇，发挥澳门独特优势，在增强现有旅游实力的同时，加快培育综合旅游和新兴产业的发展。

全国政协副主席何厚铧表示，旅游是利民的经济活动、是连接全球的和平产业、更是落实"一带一路"倡议追求区域合作、互联互通的重要产业，也是构建海上丝绸之路经济带的必要元素。各国旅游业及相关产业精英集思广益，通过高层对话，探讨以旅游建设新海上丝绸之路，为全球经济新一轮增长探索新方向，把旅游经济的影响力，延伸至不同领域，实现互惠共赢。

展望"一带一路"发展蓝图，沿线65个国家，辐射44亿人口。这里是四大宗教的发源地，东西方四大文明在此交互生辉。这里有丰富多彩的旅游资源，占世界旅游总量的70%以上，约有50%世界规模最大的文化遗产，74%的世界自然保护区也在这一区域。据预算，中国与丝路沿线国家双向旅游交流超过2500万人次，在"十三五"期间，沿线国家和地区将迎来1.5亿人次的中国游客，超过2000亿美元旅游消费。沿线国家的8500万人次游客到中国，旅游消费也可望达到1100亿美元。

面对如此巨大发展优势及大好的发展前景，旅游文化交流应当成为"一带一路"战略优先推进领域之一。

智慧旅游与"中国旅游日"新常态

2013年11月国家旅游局公布了2014中国旅游主题——"智慧旅游"，智慧旅游年的宣传口号也确定为"智慧旅游，让生活更精彩""新科技，旅游新体验"，要求全国各旅游部门围绕"智慧旅游"来展开一系列的旅游推广宣传和旅游营销活动。智慧旅游主题年的确定，是对游客日益增长的个性化需求的高度关注，促进加速了旅游产业转型升级。作为服务性的旅游产业，提高其产业素质，使其实现高端化发展，必须与技术相结合，通过技术创新使旅游消费品更新换代，改变需求结构，促进旅游产业结构优化，以此推动旅游产业经济增长方式转变，"智慧旅游"正是使旅游产业向高端发展的一种具体手段。

2015年国家旅游局确定的"中国旅游日"主题，更将旅游事业定位于国家发展与人民日常生活"新常态"，其宣传口号：爱旅游、爱生活，强调了旅游文化价值对于人民生活的意义。2015年"中国旅游日"活动主题：新旅游、新常态，主题的内涵是：在游客层面，突出旅游作为新的生活方式已融入人民生活，在旅游中人们增长见识、陶冶情操，认识发现新世界；在行业层面，体现旅游业发展的新观念、新思路、新常态，发挥其在转变发展方式、推动地方社会经济发展方面的独特作用。

第八届亚太经合组织（APEC）旅游部长会议于2014年秋在澳门召开。会议通过了《澳门宣言》，并达成8项共识。来自21个经济体成员充分讨论了旅游市场一体化、产业融合发展、智慧旅游、互联互通、低碳发展等5个重要议题。当中，尤其鼓励APEC各成员激励产业创新，促进"智慧旅游"的发展及相关领域的合作，分享"智慧旅游"所带来的机遇和商机。"智慧旅游"和"中国旅游日"的倡导，表明中国旅游事业融入了中国经济"新常态"。

傍晚的澳门内港码头

回归后建设的澳门科学馆

A
澳门为什么万人迷
The reasons behind the charm of Macau

"一座城涂了脂,抹了粉,鲑鱼红、柠檬黄、苹果绿和乳白的油漆修去岁月的痕迹,美得越发像布景,像水上舞台。"澳门作家钟伟民在《雪狼湖》序言中的这段描述,道出了澳门这座长久以来一直与博彩业双生的小岛,在灯红酒绿之外的另一番韵味。

1. 诗意的街道，颇具异国情调
2. 澳门人喜欢享受生活
3. 大三巴和哪吒庙"比邻而居"，中式庙宇和西式教堂和谐共融
4. 澳门标志性建筑大三巴一角
5. 当地有不少宗教组织开办的学校
6. 沿坡而建的街道

桃花依旧,别样闲适

澳门,她是一个怀旧的隐喻,甚至,就是怀旧本身。她的街道名字有足够的异域感,城市质感绝对过去式,而外力的冲击无比强大。她让久住过度开发城市的都市人有一种返回小镇时代的心情,但转个头,又不失最先进的外表与奢华的享受。

欣赏澳门,就是爱她的闲适,带着淡淡的伤感,一种时光流逝后的桃花依旧。

万种风情,都市繁华

澳门的美妙还在于她无所不在的万种风情。

不同国度的人们穿戴风格不一的服饰,徜徉在流金溢彩的首饰店或葡国石子铺就的步行街,偶然相遇,莞尔一笑,那是一种时尚的风情;夜色阑珊,大堂前地和岗顶前地的木椅上,到处是一对对相拥的身影,那是一种甜蜜的风情;金碧辉煌的娱乐场里,异国女郎或狂野或性感的一场场艳舞,那是一种热辣的风情……

面朝大海，沐风夏天

暂别澳门岛，穿越跨海大桥，终于，一片湛蓝的海映入眼帘。

光着脚踩着细腻的黑沙，跟海浪玩起你追我赶的游戏，时不时闻到从海岸边飘来的烧烤炭火香气，真的能体会到诗人海子笔下的浪漫。再看看海滩边那整整齐齐排列着的18幢白色别墅，就知道为什么那么多的韩片都到澳门来取景了。

风味万千，满足口福

澳门是个将美食当作信仰的地方。

也许是生活节奏决定了一座城市的美味。澳门人的优品慢生活，令他们对美食更为坚持。

独特调味的鸡煲翅、佛跳墙、客家盆菜，这些在大城市花大价钱也未必尝得到的美味，或许就藏在澳门那蜿蜒曲折的街边小饭店里。

佛跳墙捞饭，再来一份！

1. 嫣红的花从墙上探出
2. 斑驳的外墙一对老年夫妇携手走过
3. 路环巷子里的特色建筑，吸引不少新人来此取景拍婚纱照
4. 傍晚澳门亚马喇前地一带的剪影
5. 每逢假期当地人喜欢到黑沙滩休闲玩乐
6. 一边吃宵夜一边与亲友倾谈，悠闲又自在

B
人文澳门
MACAU AS A CULTURAL CITY

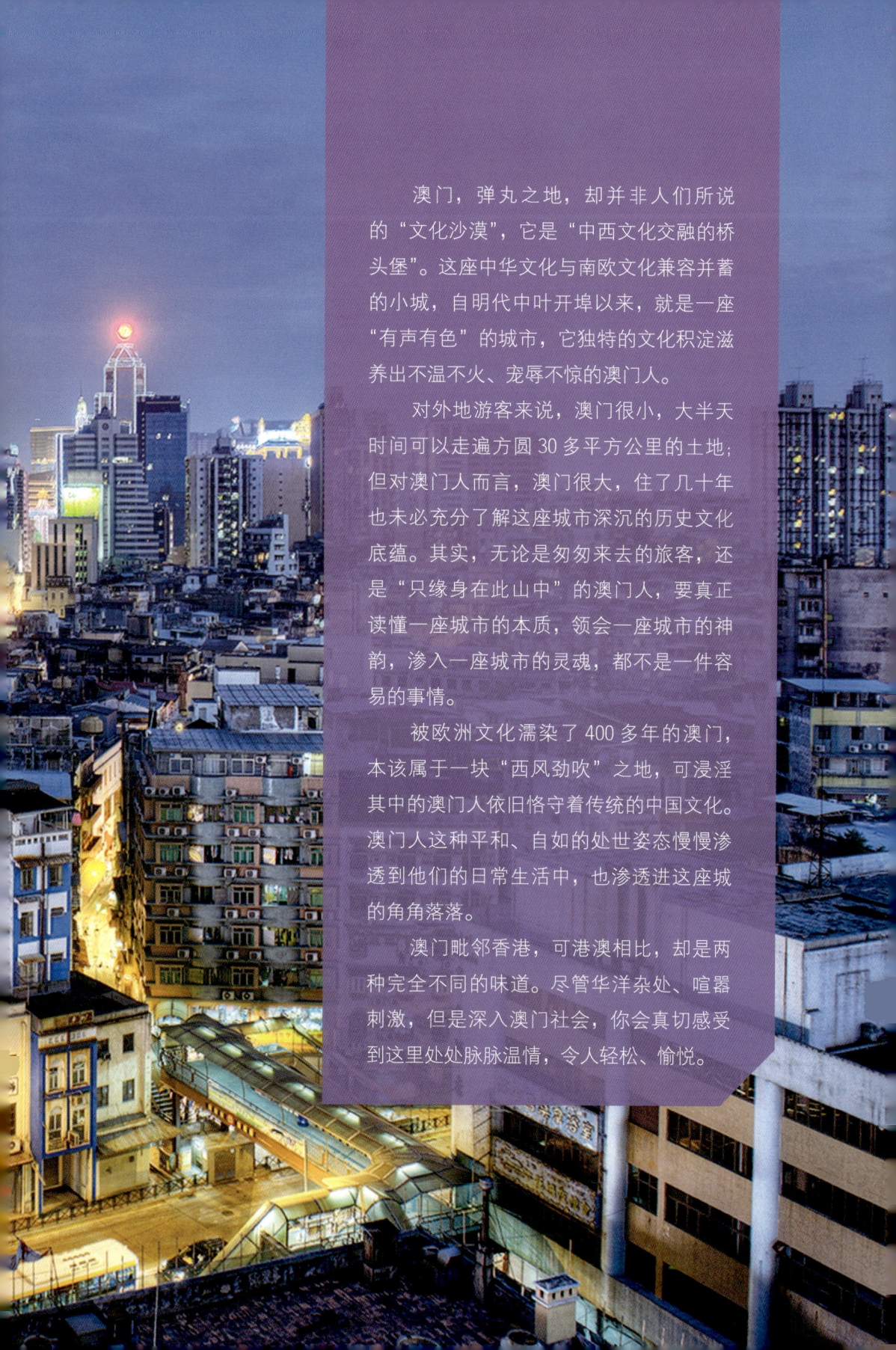

澳门，弹丸之地，却并非人们所说的"文化沙漠"，它是"中西文化交融的桥头堡"。这座中华文化与南欧文化兼容并蓄的小城，自明代中叶开埠以来，就是一座"有声有色"的城市，它独特的文化积淀滋养出不温不火、宠辱不惊的澳门人。

对外地游客来说，澳门很小，大半天时间可以走遍方圆30多平方公里的土地；但对澳门人而言，澳门很大，住了几十年也未必充分了解这座城市深沉的历史文化底蕴。其实，无论是匆匆来去的旅客，还是"只缘身在此山中"的澳门人，要真正读懂一座城市的本质，领会一座城市的神韵，渗入一座城市的灵魂，都不是一件容易的事情。

被欧洲文化濡染了400多年的澳门，本该属于一块"西风劲吹"之地，可浸淫其中的澳门人依旧恪守着传统的中国文化。澳门人这种平和、自如的处世姿态慢慢渗透到他们的日常生活中，也渗透进这座城的角角落落。

澳门毗邻香港，可港澳相比，却是两种完全不同的味道。尽管华洋杂处、喧嚣刺激，但是深入澳门社会，你会真切感受到这里处处脉脉温情，令人轻松、愉悦。

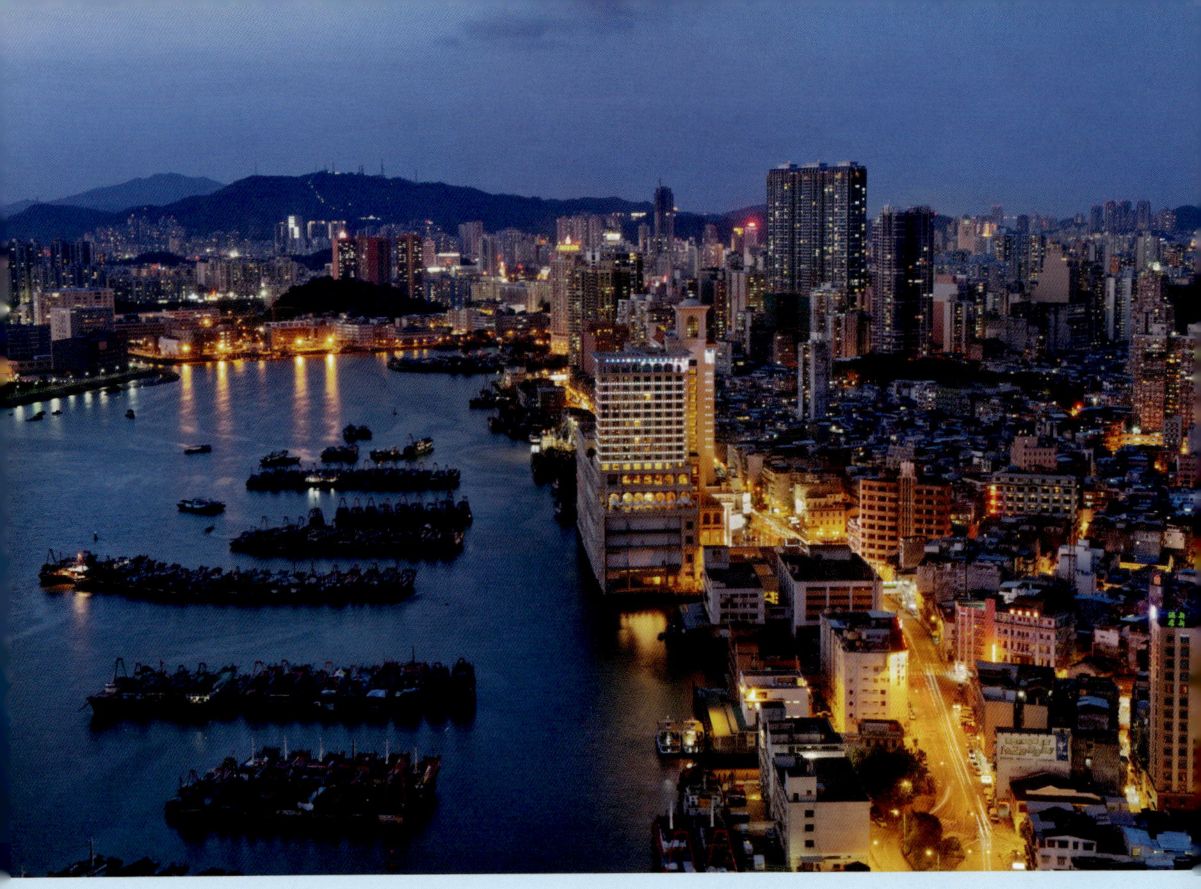

澳门从一座小渔村逐渐演变成一座国际化港口城市

01
Reason

一睹“海上花园”澳门的真面目

澳门素有“海上花园”美称，它位于我国大陆东南部沿海，正处在珠江口西岸，与香港、广州鼎足分立于珠江三角洲的外缘。东隔伶仃洋，与香港相望；西与广东省珠海市的湾仔镇一衣带水，只隔一条不足1公里宽的濠江水道；北边以古老沙堤与珠海市的拱北相连，陆界只有240米；南面则濒临浩瀚的南海。

澳门包括澳门半岛、氹仔和路环两个离岛，总面积因为沿岸填海造地而一直扩大，逐步扩展至如今陆地面积30.5平方公里，以及新增85平方公里水域。澳门半岛北面与中国内地相连，南面分别由嘉乐庇大桥、友谊大桥和西湾大桥与氹仔连接；至于氹仔与路环，则由全长2.2公里、6线行车的连贯公路相接。大多数居民居住在澳门半岛，人口密度呈超级密集状态。

关于澳门被称为"海上花园"，也有这么一说：葡萄牙人占领澳门之后，把葡萄牙的建筑艺术和建筑风格带到了澳门，同时也注重澳门的绿化。由于澳门地方不大，从入海口远处看去，欧式建筑掩映在绿树丛中，澳门仿佛大海上的一个花园一般，"海上花园"之称因此得名。

澳门的夜景

城市设施不断添置和完善

蓝天白云下寻一份心的宁静

1. 澳门望德堂区街道整齐、艺术气息十足
2. 龙环葡韵附近的嘉模公园
3. 澳门素有"莲花宝地"之称,不少拥有宗教信仰的居民相信和谐安宁的生活,得益于圣灵庇佑
4. 城市的绿化休憩空间
5. 氹仔官也街一角
6. 博彩业带动澳门经济发展,鳞次栉比的娱乐场并未夺走澳门居民的悠闲空间

澳门属亚热带海洋性气候,冬暖夏热,湿润多雨,年平均气温在22.3℃左右。每年以10月中旬至12月最为舒适。春、秋、冬三季是到澳门旅游的最佳季节。

1~2月是澳门的冬季,北风寒冷干燥,降雨量及降雨日较少。3~4月是季节交替期,气温及湿度上升。春季,除了中间几天极为潮湿,有雾、毛毛雨且能见度较低之外,其余日子天气尚好。澳门夏季较长,5~9月天气炎热及潮湿,有不少恶劣天气,如暴雨、雷雨等。秋季在10月来临,天色晴朗,天气稳定,舒适度高;11月清凉干爽。12月北方的冷空气再次入侵。

追溯澳门历史，想象百年前的今天

澳门自古以来便是中国领土的一部分。早在春秋战国时期，香山已属百粤海屿之地。秦始皇统一中国时，澳门就被正式纳入中国版图。据史料记载，宋末名将张世杰与军队曾在此一带驻扎；宋幼主赵昺于1279年在澳门海域里淹死。早期在澳门定居的人在此形成小村落，依靠捕鱼与务农种植为生。

澳门在明代是葡萄牙与中国贸易的主要补给港口。1557年，葡萄牙人向当时明政府取得居住权，成为首批进入中国的欧洲人。1844年9月20日，葡萄牙女王玛丽亚二世宣布澳门为自由港；1849年，葡萄牙停止向中国交澳门地租。1851年，葡萄牙占领氹仔。1864年，葡萄牙再占领路环。1883年，葡萄牙再占领望厦、青洲。1887年，当时的葡萄牙政府方使清政府先后签订《中葡会议草约》和《中葡和好通商条约》，规定"葡国永驻管理澳门以及属澳之地与葡区治理它处无异"。

葡萄牙人在澳门一直拥有特殊地位，这使居民普遍有不同程度的不满。中葡两国政府于1986年开始为澳门问题展开了共四轮谈判，1987年4月13日，两国总理在北京签订《关于澳门问题的联合声明》及两个附件。联合声明宣布，澳门地区（包括澳门半岛、氹仔和路环）是中国的领土，中华人民共和国将于1999年12月20日对澳门恢复行使主权。

1999年12月20日零时，中华人民共和国正式恢复对澳门行使主权。

1. 1848年葡国人结束了"租居"澳门
2. 石墙上的吊灯仿佛是历史留下的见证者
3. 斑斓的蓝色瓷砖墙是葡国特有的装饰
4. 斑驳的围墙透露出历史的痕迹
5. 鳞次栉比的旧楼和新楼印证着城市变迁
6. 东方基金会会址曾是英国东印度公司旧址

04
Reason

在"不夜城"邂逅一段美丽故事

剪影时光

澳门是座"不夜城",夜生活多姿多彩。如果说白天的澳门还是一副慵懒闲逸的模样,那入夜以后的澳门就完完全全是另一种风貌了。仿佛就在一瞬间,人群随着初上的华灯从各个街口涌入,填满了白天遗留下的空白。

新葡京大酒店在耀眼的灯饰下,更显得金碧辉煌。外观尚且如此,里面纸醉金迷的夜生活便可想而知了。说澳门是"东方的蒙地卡罗""东方的拉斯维加斯",一点也不夸张,赌场里面豪华的装饰直把人看得眼花缭乱,娱乐场内人头攒动,比肩接踵,不时传来"叮叮"的敲铃声,不时听到赌客们的喝彩声、叹息声。人间百态,芸芸众生,尽在其中。

有"澳门兰桂坊"之称的酒吧街,位于皇朝区,是澳门夜生活的焦点。不论时尚、优雅,还是狂欢的酒吧都可在此找到;皇朝区还有多间KTV,想一展歌喉,或想把酒言欢,就此"一站"便能满足不同的要求。

尽管澳门是个喧嚣的"不夜城",但是一些街道也很安静,即使走在没有人的街道上,你也会有种安全感。海滩永远对人们张开怀抱,在星空下踏着软绵

快速变化的城市中人们习惯顺势而为,但也总有几个人喜欢逆流而上

南湾湖夜景

酒店外缤纷的音乐喷泉为夜晚增添不少光彩

绵的细沙,无论是独自一人还是成双成对,都可度过一个醉人的夜晚。

多数游客来澳门,都把观光的精力集中在白天,其实,澳门的夜景更为迷人。橙黄的灯光打在古旧的建筑上,光影交织出神秘的面纱,仿佛时光流转,联想起来的一幅幅画面潜入脑海,这又是澳门的另一番风韵了。

05 Reason

和澳门人交个朋友

粤澳自古以来便是同根同源，澳门的华人相当部分是广东人，而粤澳在地理位置上也是水路相通，不曾隔断。澳门文化在中西文化不断碰撞的情况下始终保持着岭南特色，这种亲密联系使得两地人同心同德。

澳门当地居民多说粤语，一部分人能听懂闽南语，英语也较为流行。回归后，为使到澳门旅游的内地人有宾至如归的感觉，越来越多的澳门人开始学习普通话。澳门人友善，和他们聊上几句，便能感受到与朋友聊天般的亲切。走在路上，你会遇到热心指路的澳门人，临别时的那句"拜拜"让人觉得如此熟悉，以至于离开了澳门，你仍然会时常想起微笑对人、谢不离口的澳门人。

澳门人并不都是富有或善赌的人，也有普通百姓为了一日三餐而精打细算，大家都在寻找一种节省的生活模式和一个便宜的消费地。在澳门关闸，每日可以看到匆匆过关前往珠海购物的澳门人，他们衣着朴素，拎着大大小小的购物

一边坐着聊天，一边欣赏观音像附近的澳门海景，好不惬意

1. 充满朝气的澳门小朋友
2. 年老也能彼此扶持、相濡以沫是很多澳门老夫妇的真实写照
3. 与朋友一起喝下午茶共度休闲时光
4. 澳门的生活节奏慢，当地人得闲喜欢"遛鸟"玩
5. 逛逛澳门老街是情侣们常做的休闲方式

袋，这种低调的姿态让人心生敬意。

香港人的生活节奏很快，而到了澳门，你却发现这里的人悠闲多了。如果说香港人继承了英国人的高效率和制度化，那么澳门人则从葡萄牙人的身上学会了轻松自在的生活态度，并习惯于享受慢节奏所带来的悠然自得。

岁月涤荡澳门街

珠三角地区有句谚语"广州城、香港地、澳门街",不仅道出三地各有特点,也透露出澳门以"街"闻名。澳门有许多令人叹为观止的城市空间,特别是中西文化交融的传统道路环境。经历岁月的洗礼,依然像一位古朴而沉稳的老人,散发宁静而优雅的魅力。

在澳门,所有标识的街道数目中,澳门区有950条,氹仔区有182条,路环区有123条,合共1255条。澳门最早于1869年在政府宪报中公布了一批街道名称。现时澳门最长的街道是"友谊大马路",约2900米,最短是"妈阁第三巷",约4.3米;最宽是"望德圣母湾大马路",约41米;最窄是"渔网里",约0.73米。

澳门街道的标识种类繁多,有中国传统严格的街巷名称,也有以借贷为街巷名称的,更有受西方文化影响所采用的标识名称,最后还有石级、斜坡、土腰、台、围等。街道上大多为碎石路,这些碎石路的图案主要取材于澳门本土历史、文化或地域元素,目的是要注入本地特色。澳门的很多街道名十分有趣,甚至有点稀奇古怪,如肥胖围、美女巷、恋爱巷、跛脚梯、道德巷、烂鬼楼巷、

具有葡国特色的街道

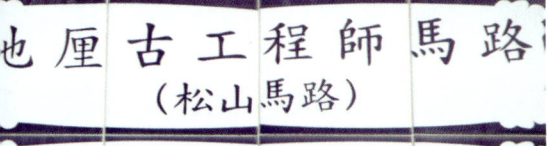

有趣的澳门街景

情人街、咸虾巷等。现时的街道路牌由八块之下彩釉面瓷砖组成。昔日的街道路牌曾使用不同的材质，如水泥板刻字形式或石质。街道路牌分为贴墙及直立式，整个澳门合共大约有5000个。

其中，以华人名字命名的街道有21条，葡人或外国人命名的街道有222条，圣人名字命名的街道有47条。在澳门，共有34组名称相同的街道，有些是中文名称相同，有些是葡文名称相同，有些是中、葡名称均相同。有些街道名称的中葡文版本并不一致，如龙嵩正街，葡文版本的街道名称意思是中央街。确实的原因不可考证，可能是先决定葡文，再根据现实情况使用中文，并非直接翻译，取决于命名时市政厅的决定。

在为街道命名时，民政总署接收道路后，会举行会议讨论使用名称的种类，主要由现场位置、附近建筑物及当时是否有特别事件而定，及考虑名称之可记性及市民是否接受等之因素。

澳门文学"两生花" 中西交融送暗香

漫步在澳门街头,如同穿行在文化的长廊里,中国的传统文化在澳门保存之好超出想象,西方情调又会让你怀疑此身何处,此处何属?正当你迷茫的时候,东方神韵自然牵住了你的手。

谁说澳门无文化?澳门的街巷承载了太多的沧桑,有太多的风流人物在这里烙上深深的印记,贾梅士、利玛窦、汤若望、南怀仁、郎士宁、钱纳利、汤显祖、林则徐、吴渔山、郑观应、魏源、孙中山、高剑父、萧友梅、冼星海……

澳门曾是西方文化进入中国的前沿阵地。澳门文学的肇始,可追溯到明万

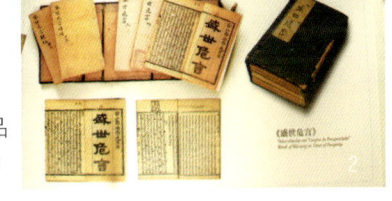

1. 由西方艺术家收藏的具有浓郁中国特色的木偶藏品
2. 《盛世危言》是中国近代思想家郑观应的重要著作

历十八年（1590年）。明代以写《牡丹亭》著称的戏剧家汤显祖被贬广东之后，次年特地绕道来到澳门游览，他把对澳门的新奇印象写进《香山逢贾胡》等五首诗中。后来，他还把"番鬼"（洋商人）、"通事"（翻译官）写进传奇《牡丹亭》里。这是关于"香山澳"最早的文学记录。

葡国大诗人贾梅士比汤显祖早30多年抵达澳门，他随船队而来，在澳门南湾的白鸽巢上，在几块岩石垒成的洞内，这位在葡萄牙诗人写下了8800多行的长诗《葡国魂》，由此被文学史家称作"葡萄牙文学之父"。

贾梅士与汤显祖，一个来自西方，一个来自东方，他们相继与澳门结下文学姻缘，澳门文学史于是有了极富象征意义的开端，证明了两种文明终究可以在一块弹丸之地融合，彼此取长补短，在未来建立一种和睦相处的生活方式。

传说天地间有一种花，并生一枝，花开两朵，是为两生花。澳门文艺这枝两生花，从此在澳门这片土壤中扎根、共生。

心诚则灵，寻找精神的归属地

佛教僧众与天主教神职人员同台作法、祈福，这种有趣的景象大概只能在澳门见到。

澳门的一些庆典剪彩仪式前，每每能见到佛教僧众在左，天主教神职人员在右，各据一案，轮流行法的情景。一时间，铙钹与风琴同鸣，梵音共赞诗齐飞，法师的大红袈裟和神父的黑袍小帽相映成趣。纸烛焚香，化作祥云缭绕；圣水轻洒，好似甘露普降。第一次见这阵势的人，免不了要在心里惊叹一声："阿弥陀佛，阿门！"

澳门素有"中西交汇第一门"之称，东西文化兼容并蓄的社会特征在澳门的宗教领域也留下了明显的印记。

路环天主堂内供奉的，不仅有圣母、圣子，还有一幅身着明代裙服、怀抱束发金冠孩童的妈祖画像；十字架上的耶稣受难塑像旁，赫然挂着地道中国式红灯笼。而在澳门三大寺庙之一的普济禅院内，十八罗汉中居然有一尊是高鼻深目、留着八字胡须的马可·波罗！

其实，澳门是一个崇尚宗教、信仰自由的地区，居民信仰中西各种宗教的历史悠久，至今各种宗教教徒的人数竟占澳门总人口的86.13%，可谓"漫天神佛"。

想要目睹多种宗教风格的建筑完全不需要兜转，在澳门就可以一站式完成。

1. 色彩鲜艳夺目的教堂窗图
2. 老澳门人相信拜的神多，自有神庇佑
3. 澳门有很多的西式教堂

09

Reason

优雅的曾经，建筑与婚纱相得益彰

澳门就是这样一个地方：中式的，西式的；过去的，现在的……它的建筑也是这样，进了澳门就像出了“国门”，风格各异、比邻而居的中西式建筑会让你恍如步入建筑博物馆。

漫步在澳门的大街小巷中，刚刚路过一处葡式建筑，可能眼前又出现了一座巴洛克风格的教堂，向前走又会出现新古典主义的建筑，一转身可能又看见中式传统建筑，再一转身也许你面对的是一座糅合了西式风格和中式风格的建筑……眼花缭乱之余别忘了身边还有中式骑楼，那是反映南方城市气候的特有建筑，既方便行人躲雨，又可遮阳。

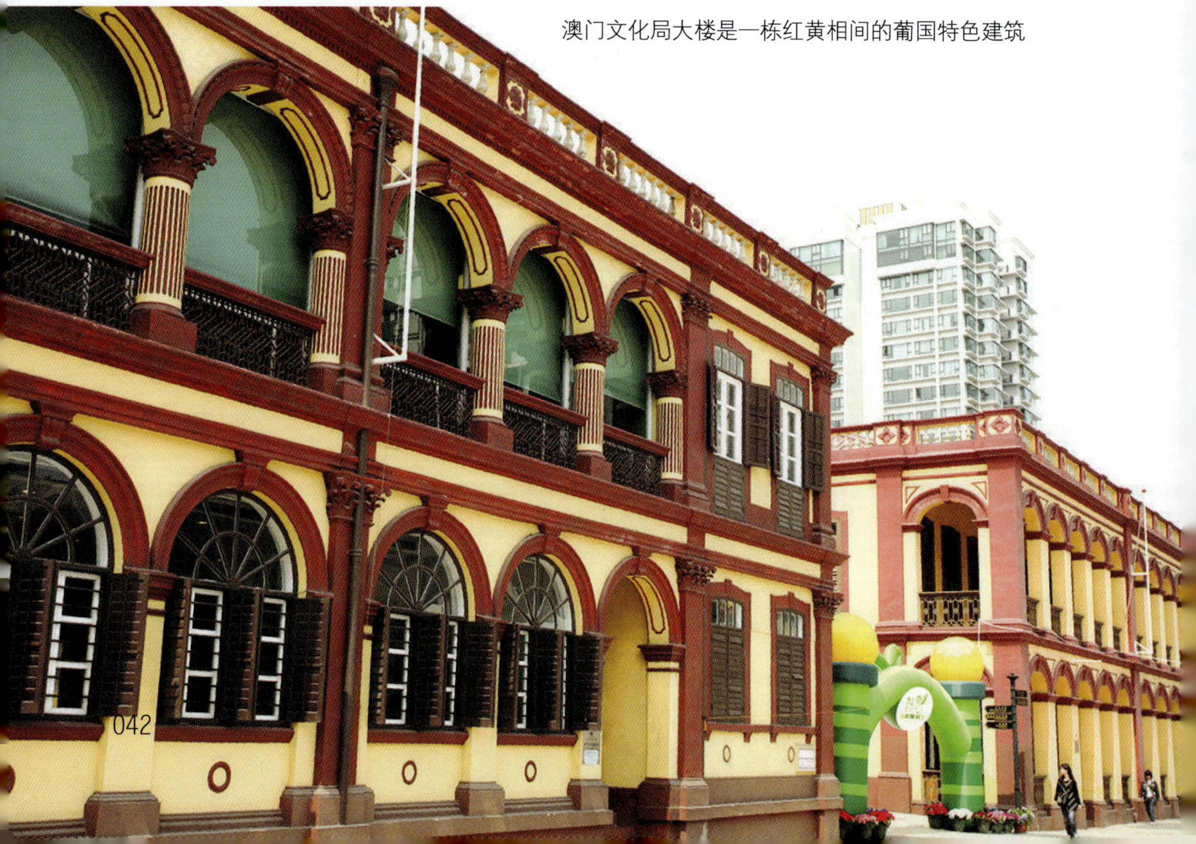

澳门文化局大楼是一栋红黄相间的葡国特色建筑

澳门居民的住宅相当简朴，富有岭南特色。福隆新街一带的房子突出体现了广东一带某一时期的建筑样式，彩漆浮凸、墙面、珍珠母窗、镀金木板等，都是岭南的建筑装饰物。

葡人来到澳门的几百年中，也带来了南欧的建筑艺术风格，但在东方的土地上逐渐融合了中国的建筑特征，表现出一定的折中主义。这种南欧式的建筑，以西方模式为主，但也体现东方的情调，例如澳门水坑尾的高可宁大屋，外形极具南欧建筑格调，但其内部装饰多受中国传统风格的影响。

纯白色建筑中有很多欧式建筑装饰细节

澳门现存的许多建筑受到19世纪欧洲流行的新古典主义建筑风格的影响，位于南湾及其山坡上的家庭住宅是这种混合型建筑的总汇。澳督官邸现为澳门政府总部，它是一座具有新古典风格的建筑；岗顶戏院融合了葡萄牙与希腊、罗马古典式建筑风格；建于1900年的峰景酒店（现已被用作葡萄牙驻港澳总领事官邸），体现了新古典主义的全部特点。南欧式建筑颜色如粉红、米黄、浅蓝、锈红等在澳门城区随处可见。

澳门的天主教堂是澳门欧式建筑中重要的建筑物，保留着中世纪以来的欧洲建筑风格。从现存的大三巴牌坊中，仍可以看到当年教堂的气势与建筑艺术。另外，位于澳门最繁华的板樟堂街的玫瑰堂，内外装饰强调典雅，米黄色的外墙、精致的雕刻给人美的享受。

许多澳门人在结婚时都喜欢到这些经典的建筑前拍摄婚纱照，以作纪念。穿梭在澳门，能感受到中西建筑的水乳交融已经浸透到这座城市的血液里，牵动着这座城市的脉搏。

10 Reason

妈阁、妈祖：澳门的文化之根

早在葡萄牙人占领澳门之前，澳门岛上就有一座妈祖庙，当地人叫"妈阁"。葡人初抵澳门时，向岛民问地名，岛民以手指妈阁庙说粤语 ma gok miu，葡萄牙人模仿为 Macau。不想这个译名竟在西方世界一直沿用至今。因此，澳门妈阁庙便和大三巴一同成为澳门的象征，同时也是东西方文化在澳门交流融会的象征。

妈阁庙是澳门最古老的寺庙，为澳门三大古庙之首，迄今已有 500 多年历史。这是一座具有中国民族特色的古老建筑，飞檐凌空、气势雄壮，庙前一对镇门石狮雕工精美，神情威严，形态逼真。在几座庙宇之间沿山而上，两旁的岩石有历代名流政要或文人骚客题写的摩崖石刻。到澳门旅游，这里是游客必到的地方，终年香火旺盛、紫烟弥漫、温暖祥和，"妈阁紫烟"成为澳门八景之一。

妈祖是中国海洋文化的象征。相传妈祖乃福建莆田女子，又称娘妈，本姓林，生时能预言吉凶，物化登仙后常显灵海上，帮助海难商人及渔民消灾解难，

妈阁庙已经有 500 多年历史

1~4. 妈祖阁常年香火鼎盛
5. 全球最高的汉白玉妈祖像

化险为夷。在妈阁庙庭院内有中国帆船的石刻浮雕,传说娘妈曾乘此船自家乡出海,经历台风巨浪,平安抵澳。

妈阁庙平时香火不绝,每年农历除夕和农历三月二十三日"天后"神诞,香火更甚。四方香客云集于此上香拜祀、叩首祈福,并举行丰富多彩的节目助兴,这时妈阁庙上紫烟弥漫,一派祥和,这便是澳门八景之一的"妈阁紫烟"的景色。"妈祖"现在已不仅仅是善男信女们崇拜的"天后",而且形成了一种国际文化现象——"妈祖文化"。

妈祖文化村是澳门妈祖文化的另一经典场景。拜过妈阁庙,再去妈祖文化村看看华南最高的妈祖娘娘雕像吧!乘坐免费巴士盘山而上,一座中式宫殿般的建筑映入眼帘,中国红伴着镀金的木雕远远地闪着光,走近它,你会忍不住用手去抚摸那雕刻精细的纹路,不禁为雕刻者精湛的技艺而感叹。徒步走上山顶,妈祖娘娘便屹立在眼前了,那是一尊用汉白玉雕刻而成的雕像,高19.99米,重1000多吨,凤冠霞帔,慈眉善目,仪态端庄,静静地凝视着远方大海,似乎始终在为航海者保驾护航。

妈祖文化村内的天后宫

11 Reason

舞动澳门风情，那是怎样的唯美

　　澳门一年的公众假期共有 20 天，包含中国的传统节日、佛教和天主教的节日，其中天主教的假期大多是承袭澳葡政府当时所定下的，如圣母无原罪瞻礼和追思节。而行政长官在一些特别日子或其前夕也会批示特许豁免上班，例如除夕前的下午。每逢节日到来，澳门都会举行缤纷多彩的庆祝活动，活动内容独树一帜，充分反映出其东西文化交融的特色。

　　在婚俗方面，华人婚姻习俗仍在延续着。在一些葡汉通婚的年轻人中，中西合璧式的婚礼比比皆是，他们先进行一番中国传统婚礼，新人们向父母敬拜，

20世纪中期在澳门居住的葡国人别具一格的西式婚礼

然后再穿上婚纱上教堂举行西式婚礼。土生葡人世代居住澳门，兼有中西血统，能操葡语和粤语，信奉天主教，保留欧洲生活方式，又受到中国文化习俗的影响，是一个融合了中葡文化的特殊社会群体，因经受了各种社会和经济的压力而在澳门自成一体。他们的婚礼则是先举行西式婚礼再举行中式婚礼，这种风俗习惯构成了澳门民俗独特的风景线。

游客可以按照自己的喜好，选择不同的时间到澳门旅游，感受不一样的澳门风情。

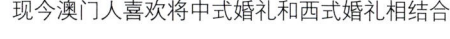

现今澳门人喜欢将中式婚礼和西式婚礼相结合

"国父纪念馆"位于澳门文第士街一号

寻访革命先驱孙中山、叶挺在澳足迹

要了解孙中山先生不仅要看中山故居,更要来澳门看看"国父纪念馆"。孙中山与澳门渊源深厚,并在澳门留下了不可拭去的足迹。

澳门"草堆街80号"约建于1892年以前,是典型的下铺上居式铺屋,孙中山于1893年在此开设药局,是澳门历史上最早记录有华人开办售卖西药的药店与西医门诊之一,2011年由特区政府购入并进行修复,因应活化需要增设相应的功能及公众服务设施,至2016年中下旬完成修复工作,于12月辟作展示空间向公众开放。

澳门也是孙中山孕育革命思想的发源地。至今为止,能见到孙中山最早的政治作品就是于1892年发表在澳门报纸上的《致郑藻如书》,后来,他还和友人创办了中葡两种文版的《镜海丛报》。辛亥革命爆发后,孙中山曾两次回到澳门。

1925年3月12日，孙中山辞世。澳门上下深感悲切，降半旗为其哀悼。

若想进一步集中了解孙中山在澳门留下的足迹，可到孙中山纪念馆，即其夫人卢慕贞晚年居住的寓所参观，馆内陈设不少孙中山生前的书法真迹作品、历史照片和家具用品等。还有卢慕贞手工制作的衣服和鞋子，让人们感受孙中山在澳门的家居生活情景。

中国人民解放军重要创建人之一和杰出军事家叶挺将军，在1937年就任新四军首任军长前，曾在澳门贾伯乐提督街76号一座两层高的西式住宅内，与夫人及一对子女，共享了七年的天伦之乐。

叶挺故居经澳门文化局根据叶挺的后人及相关旧照重新修葺，成了游人来澳了解这位中国革命名将的好去处。就像翻阅一页页史书，重温与澳门有着深厚渊源伟人家庭不同寻常的人生。

1. 叶挺故居位于澳门贾伯乐提督街76号
2. 叶挺故居收藏着不少叶家的历史图片

13 Reason

追寻郑观应与他的理想

郑观应的澳门故居便是颇有名气的郑家大屋，就是在这里，他撰写了举世闻名的煌煌巨著《盛世危言》。在中国思想界，这是一部比较早地考察从传统社会向现代社会转变之必然性的著作。书中，直言不讳地揭露了中国在社会生活方面落后于西方的情形，以富强救国为主题，进一步提出了在各方面进行改革的方案，并对维新变法运动产生深远影响。

其后，郑观应按当时中国的形势变化，一再增补内容。因应中日甲午战争和义和团运动时期的形势，8卷本的《盛世危言增订新编》于光绪二十六年编成。该著作被重印20余次，乃中国近代出版史上版本最多的书。

澳门文化局曾在澳门博物馆建馆十周年之际举办了《盛世危言——郑观应文物展》，反响强烈，大量中外游客参观了此展览，并应游客要求延长了展期。可见逾百年的时间都没有抹掉它的光辉，仍然具有现实意义，不愧为惊世巨著。

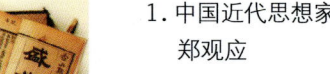

1. 中国近代思想家郑观应
2. 郑家大屋一景
3. 《盛世危言》是中国思想界中一部较早地认真考虑从传统社会向现代社会转变的著作

澳门城小社团多，凝集爱心与创新活力

你知道什么是猪肉烧腊工会吗？你听说过芽菜豆腐协会吗？童军应该了解一些吧！这些就是丰富澳门人民生活的各种民间社团。澳门有大大小小各种社团超过6400个，"社团文化"特色十分突出，几乎所有的澳门人都有参加社团。

澳门最早的社团，可追溯到明朝的隆庆年间。早前绝大多数澳门居民不懂葡语，澳门政府全部官员皆由葡萄牙指派，官民沟通不便，民间的问题无法向政府反映。久而久之，有个别行业开始聘请会葡语的翻译，代表业界向政府反映行业发展中遇到的问题以及需要从政府处获得的协助，结果一系列问题很快得到解决，自此，渐渐以行业为背景的各类社团在澳门相继成立。

澳门产业适度多元成时代主题以后，澳门创意产业协会等社团应运而生，澳门创意产业协会汇集了澳门产业界、商业界、金融界、文化界、学术界的精英人士，通过举办展览，学术研讨，出版杂志，为澳门社会经济文化发展建言献策，开创了澳门社团文化的新局面。

一年一度的公益金百万行活动，吸引诸多澳门社团参与，齐齐献爱心

随着时代进步发展，澳门的社团散发新的活力，为推动社会进步做出诸多贡献

15 Reason

融汇中西教育,狂练"三文四语"

澳门大学横琴校区新教学楼

　　澳门早期的教育分为源自耶稣会的西式天主教教育和中式启蒙教育两个流派。后来受法国公立教育影响,澳葡政府开始设立公立中学。华人亦于19世纪末期开始开办近代化学校。澳门最早的大学为圣保禄学院,后因18世纪反耶稣会风潮而停止运作,所以在20世纪80年代,东亚大学(澳门大学前身)建立以前,澳门的中学毕业生多数要到外地升学。

　　在澳门,私立学校占大部分,主要由教会或社会团体管理。所有公立学校都强调三文四语(三文:中文、英文和葡文;四语:粤语、普通话、英语及葡语)的教育。主流的澳门学校是文法学校,教授语言、数学、科学科目和社会科目。澳门只有少量职业学校,教授职业性科目如汽车维修、电子工程等。据澳门负责基础教育的教育暨青年局资料显示,截至2016年11月澳门设有学校(不含高等教育机构)共77所,当中有10所为公立学校,67所为私立学校,共有学生逾7.6万人,教学人员则有七千余人。

　　澳门高等教育辅助办公室是负责统筹澳门高等教育事宜的一间政府部门。目前澳门有10所高等院校,当中四所公立学校为澳门大学、澳门理工学院、旅游学院、澳门保安部队高等学校(只招收澳门永久性居民);六所私立学校包括澳门科技大学、澳门城市大学、圣若瑟大学、澳门镜湖护理学院、澳门管理学院、中西创新学院。2016/2017学年,各院校教学人员共2,265人,高等教育课程注册学生32,750人,并有267个高等教育课程运作，当中包括博士学位、硕士学位、学士学位、高等专科学位、学位后文凭及高等教育文凭课程。另外，2016年共有19所外地高等院校经批准在澳门开办了34个高等教育课程。

"你讲乜呀？"（粤语：你讲什么）对于来自内地非粤语区的人来说，如果"少少"广东话也不会讲，与澳门人交谈难免会遇到这样的尴尬。因为，普通话在澳门还没到畅通无阻的程度。

澳门虽小，但由于曾被葡萄牙占据的历史原因，语言环境比香港更复杂，通常所谓"三文四语"：中文、葡文、英文，粤语、普通话、英语、葡语。说粤语、用中文是澳门绝大多数居民的传统。回归后，中文官方地位确立，葡文虽亦是正式语文，但随着澳门的日趋国际化，在日常沟通和经贸交往中，无法律地位的英语（英文）反而比葡语（葡文）更为通行。特别是回归以后，访澳旅客中近七成来自内地，澳门人学习普通话的热情更是随之高涨。

在澳门，"四语"会说其中两种，沟通基本无碍；会说三种，堪称人才；"四语"皆通，当属"极品"。

1. 街边的广告常常包含中文、葡文和英文三种语言文字
2. 来澳门观光的游客来自世界各地
3. 澳门中学生用不同的语言和涂鸦美化城市白墙

16 Reason

莲花清香人心醉

1.澳门特别行政区区旗
2.高洁的白莲美丽动人
3.澳门人特别喜欢莲花
4.莲花为澳门城市增添新的绿化元素

  澳门的鲜花大多来自珠海的湾仔。每天清晨，珠海的花船便一艘艘地靠上澳门粤通码头，卖花女挑上一担担的鲜花上岸。她们的花担里有各种各样的鲜花，但最多的是莲花，一支支含苞待放的莲花白里透红，十分诱人。街市上的花档，最走俏最让人喜欢的也是莲花。不仅一般人家的客厅里时常插上一束莲花，就连一些寺庙的佛像前也插莲花供奉神灵。

  澳门人缘何对莲花情有独钟，乃至崇拜？究其原因是其地形酷似莲花。澳门的地形、地貌与莲花和莲茎相似，故而澳门素有"莲花宝地""莲花福地"之美誉。澳门的一些地名、街名、村名甚至庙名都与莲花有关，甚至每年夏天都会举办"荷花节"供市民品莲赏莲，澳门人爱莲之深从此处可略见一斑。

  回归以来，圣洁的莲花成了澳门的代表，这不仅是因为澳门是一座清新、洁净的城市，也是因为莲花是澳门人的吉祥之花。而区旗上那朵含苞待放的莲花又有另外的寓意——三个花瓣分别象征着澳门半岛、氹仔岛和路环岛。

C
大美澳门
MACAU AS A PICTURESQUE CITY

澳门到处散发着悠闲慵懒的气息,停一停,走一走,就能感觉到澳门平衡的脉搏跳动。密集而错落有致的骑楼、童话般色彩艳丽的小房子、庄严圣洁的教堂、香火鼎盛的庙宇……

澳门就像一间博物馆,汇集了中国最传统的一面,又融合了西方宗教和民俗元素,自成一体。她有着古老城池的别致和温婉,有着现代都市的豁达与开放,有着从古至今绵延开放的独立与包容。在历史的淘沥和时光的雕琢之中,这座城市更显和谐、大气、收放自如,吸引着人们不由放慢脚步,细细品味。

步行所至之处,窄小的街巷上人与车流擦肩而过,道路两旁的"古迹"触手可及。因此,当宣布"澳门历史城区"被列入世界文化遗产的时候,一切都是那么理所当然,也为人们来这座魅力小城旅游增添了新的理由。更难得的是,被誉为"东方拉斯维加斯"的澳门依然保持了当年的淳朴、本分、热情、好客的民风,她会如遇到知音般带你去领略她的文化。

充满创意和怀旧气氛的氹仔官也街

风格迥异的三个小岛，给你多重享受

澳门半岛是一个中西文化交融最集中的地方，熔中国传统和葡国色彩于一炉。既有庄严肃穆的教堂，又有古色古香的庙宇；既有小街小巷的特色小吃，又有国际化的大酒店。人口集中，交通便利，具有大都市色彩。

氹仔岛位于澳门半岛以南，狭窄的街道和小巷里遍布商店、酒吧、餐厅，现代的高楼大厦显示着这里的辉煌，古庙、古屋、古榕树、古教堂和谐共处，是适宜居住又充满浪漫气息的地方。

路环岛是一个未开发的岛，岛上保持着自然风光，到处郁郁葱葱，鸟语花香。它与氹仔岛和澳门半岛截然不同，在这里你能找到一份宁静，一份惬意。漫步在黑沙滩，朝拜妈阁，你会暂时忘却生活的压力，仿佛又回到了大自然。

Tips：围海造田的澳门

澳门是靠填海来解决人口增加带来的土地矛盾。1912年澳门的面积为11.6平方公里，发展到截至2016年底，澳门陆地面积为30.5平方公里，新增85平方公里水域，总人口达到64.49万人。填海的规模与面积以澳门半岛最大，有六成面积为填海地，比原始面积增加一倍多。

氹仔历史博物馆

澳门半岛的街道富有异国情调

18

Reason

中国风、葡国韵，混搭建筑最有情调

在澳门，不同的角落都能找到各式各样的建筑，有中式的庭院，也有西洋的楼阁。大建筑见洋风，小建筑出中华味，中西结合得如此和谐及水到渠成。

巴洛克的对称与别致体现在玫瑰堂的风格之中；岗顶剧院则融合了葡萄牙与希腊、罗马古典式建筑风格；葡萄牙驻港澳总领事的官邸，集中体现拱廊、圆柱、栏杆和三角窗楣的南欧新古典主义特点；还有体现南欧建筑艺术特色的喷水池、仿罗马建筑风格的基督教坟场以及典型的中式建筑——温婉简约的卢家大屋，都是时间雕琢的艺术精品，和谐地散落在纵横交错的澳门街，演绎着华风葡韵的交响乐。

澳门邮政局大楼

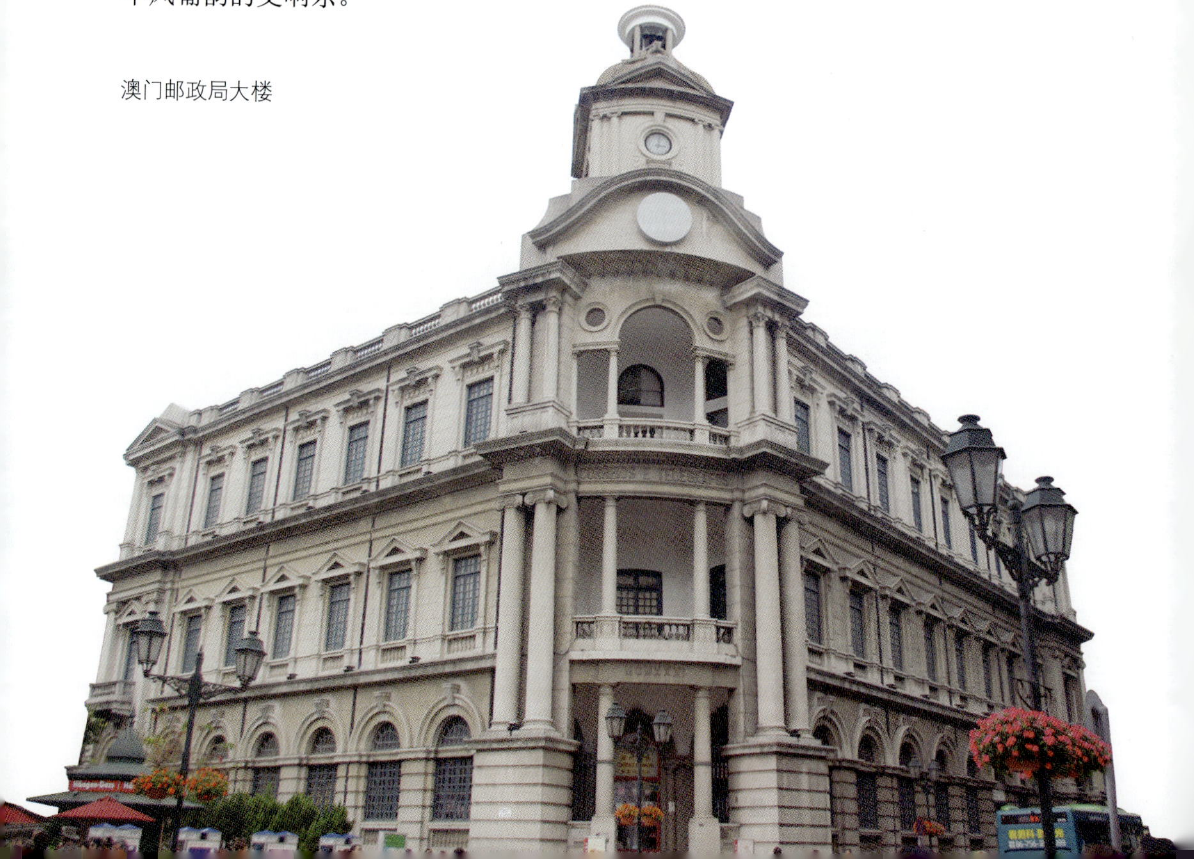

1. 红黄相间的葡式建筑
2. 氹仔嘉模圣母教堂
3. 港务局大楼斜巷
4. 20世纪六七十年代的居民住宅楼
5. 具葡国风格的建筑物

融贯中西的世界文化遗产，怀旧风情挥之不去

澳门历史文化城区是中国境内现存最古老、规模最大、保存最完整和最集中的东西方风格共存建筑群。它见证了西方宗教文化在中国以至远东地区的发展，也见证了向西方传播中国民间宗教的历史渊源。

踏足在几百年的中西文化历史沉淀的澳门小街，岁月的痕迹清晰地刻在一幢幢建筑的墙壁之上，中式风情的岭南建筑与欧洲巴洛克式的教堂在此相遇，是一场完美的邂逅。穿行在老城中，关于这座城市的包容与宽厚几乎随时随地触手可及。

大三巴已经成为澳门最具代表性的建筑之一

Tips

历史文化城区是一片以澳门旧城区为核心的历史街区，其间以相邻的广场和街道连接而成，包括妈阁庙前地、亚婆井前地、岗顶前地、议事亭前地、大堂前地、板樟堂前地、耶稣会纪念广场、白鸽巢前地等多个广场空间，以及妈阁庙、港务局大楼、郑家大屋、圣老楞佐教堂、圣约瑟修院及圣堂、岗顶剧院、何东图书馆、圣奥斯汀教堂、民政总署大楼、三街会馆（关帝庙）、仁慈堂大楼、主教座堂（大堂）、卢家大屋、玫瑰圣母教堂、大三巴牌坊、哪吒庙、旧城墙遗址、大炮台、圣安多尼教堂、东方基金会会址、基督教坟场、东望洋炮台（含东望洋灯塔及圣母雪地殿圣堂）等20多处历史建筑。澳门历史城区于2005年根据文化遗产遴选标准被列入《世界文化遗产名录》。

1. 澳门主教座堂
2. 卢家大屋一景
3. 港务局大楼
4. 议事亭前地喷水池
5. 卢廉若公园
6. 圣母雪地殿圣堂及灯塔（东望洋台）
7. 旧城墙遗址

1. 大三巴哪吒庙
2. 郑家大屋
3. 谭公庙
4. 妈祖阁
5. 妈祖文化村

1

2

3

4

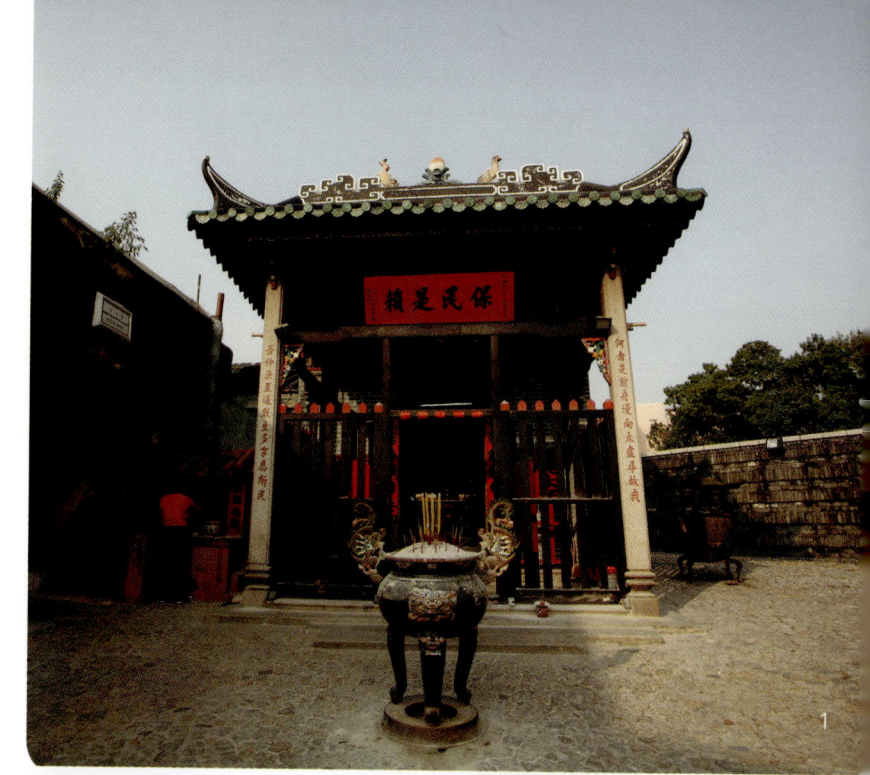

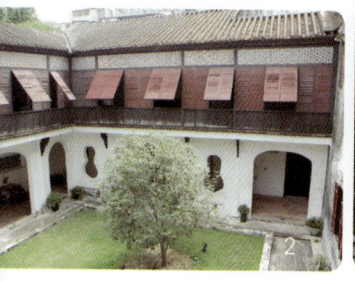

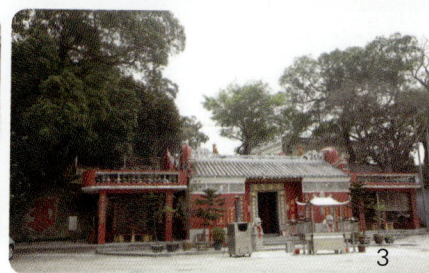

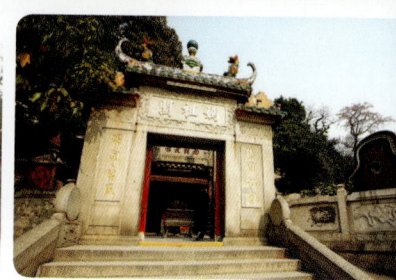

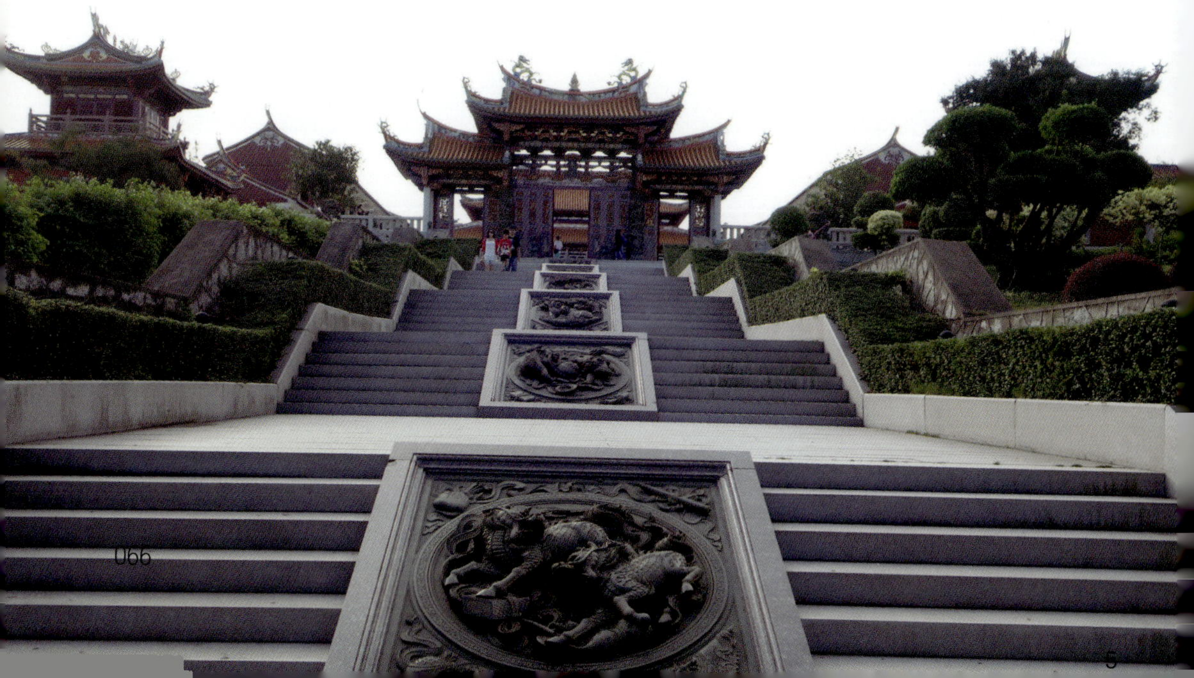
5

1. 港务局大楼
2. 岗顶剧院
3. 圣奥斯汀教堂
4. 仁慈堂大楼
5. 圣若瑟修院及圣堂
6. 岗顶前地
7. 东方基金会会址

20 Reason

不到大三巴，不算来过澳门

很多人来澳门都会迫不及待地和大三巴合影留念，似乎只有这样才能证明他们来过澳门。虽然只剩下前壁，但是矗立了400多年的大三巴牌坊依然显示着曾经的辉煌。1602年奠基的她并不孤独，她曾是圣保禄教堂的一部分，只可惜历经三次大火，最后只留下现在的前壁。圣保禄教堂由一名意大利籍神父设计，糅合了欧洲文艺复兴时期建筑与东方建筑的风格，精美绝伦的艺术雕刻，将大三巴牌坊装饰得古朴典雅，充满浓郁的宗教色彩。所以不要只因它会成为你相片里的背景而驻足，它的历史价值同样值得你放慢脚步。

1. 大三巴牌坊曾是圣保禄教堂的一部分
2. 大三巴牌坊的历史演变图片
3. 大三巴牌坊后已改建成游人参观和休息空间
4~6. 大三巴牌坊上的局部雕像各有深意

耶稣会纪念广场就是大三巴牌坊前的广场，不用刻意去寻找，它和大三巴融为一体。也许你太在意大三巴的敦厚和雄伟而忽视了它的存在，但正是以这个广场为依托，大三巴牌坊才显得如此雄壮。广场由古老的小碎石铺设而成，与大三巴共同营造出古朴优雅的文化环境。广场上的两座青铜雕塑——"中葡友谊"与"少女和狗"，是澳门回归的纪念雕塑。

大三巴牌坊共分5层：

牌坊顶部是一个高高的┼字架。

其下是一具铜鸽，代表圣神；像的旁边围有太阳、月亮及星辰的石刻，象征圣母童贞怀孕一刹那的时光。

铜鸽之下是一个耶稣圣婴像；像的旁边刻有用以钉死耶稣的工具。

第三层的正中刻着一个圣母玛利亚抱着圣婴的雕像，旁边以两种花朵围绕——分别是牡丹和菊花，前者代表中国，后者代表日本。雕像左方还刻有"永恒之众"、一艘"葡式帆船"及"面目狰狞的魔鬼"。

牌坊的底部有三面大门，正面刻有"天主圣母"的拉丁文"MATER DEI"字样，两侧门刻有耶稣的记号"IHS"。

哪吒庙、关帝庙、观音像，从未改变的宗教传统

一位外国人正仔细观赏柿山哪吒庙的哪吒像

哪吒庙：土生土长的民间信仰

与咫尺之遥的大三巴相比，柿山哪吒庙少了几分雄伟；与妈阁庙相比，哪吒庙似乎又少了几分辉煌。即便如此，只要你细细一品，却不能不赞叹它的妙处。建筑正脊有鳌鱼及宝珠衬托，垂脊呈飞檐状。整体装饰简约别致、纯净古朴，显得很广博而谦虚，不卑不亢。

踩着风火轮的哪吒，在中国佛教经籍中被称为护法神，从17世纪后期就在民间供奉，是澳门本地极具地方色彩的民间信仰。正是这种传统文化内涵，让哪吒庙有了持久的生命力。

1. 关帝庙
2. 莲峰庙
3. 观音像
4. 澳门的庙宇常年香火鼎盛

三街会馆：商人议事的关帝庙

关羽在中国很多地方都被供奉，他的刚正和义气影响着很多人。在澳门同样有一座关公庙，但它却是商人议事的场所。澳门的商贾们在此联络感情、沟通商情，它也是清政府发布公告的重要场所。也许商贾们正是看中了这种义气，才把两者合而为一。这个庙的最大特点在于庙内两旁展示了多种古代银质武器，这可是澳门只此一家的摆设。

莲峰庙：提督马路的著名禅院

莲峰庙位于提督马路，是澳门著名禅院之一，建于明朝，距今已有近400年历史。莲峰庙占地辽阔，古树婆娑，庙貌庄严肃穆；内里供奉很多菩萨，香火鼎盛；庙内有一荷池，每当夏日荷开，荷叶满塘，香远益清；还有一幅栩栩如生、砌有神龙巨鲤的壁画，造型奇特。

观音莲花苑：澳门有座外国观音像

观音莲花苑又称观音像，位于澳门新口岸孙逸仙大马路对面的人工岛上，是中葡友好纪念物系列作品之一。观音像高20米，整个莲花座高7米，直径为19米，由重50吨的青铜制成。观音像面向的方向经由风水师精确测算，显示观音正翻越松山并走向位于美副将大马路的观音堂。

从远处走近观音像，观音仿佛漂洋过海而来，亭亭玉立于象征澳门的莲花之上。由于观音像是外籍雕塑设计师构想，所以此观音长得有点像外国人。它造型简洁流畅，具有中国传统佛教文化与欧洲雕塑相结合的风格。有澳门当地人说，这是葡人心目中的观音菩萨，也是他们心中的"洋观音"，为人们带来和谐、谅解与和平。

Tips：哪吒庙的传说

关于这座哪吒庙的兴建，有这样一种传说：当时澳门发生了一场极大的瘟疫，而柿山附近却没有受到很大的影响，所以大三巴附近的居民便认为这是因为柿山有哪吒庙保护的缘故。经过多番交涉后，庙祝将哪吒神像借给了当地居民，后来疫情得到控制，居民也在此建庙供奉哪吒。除了柿山哪吒庙外，澳门还有一座大三巴哪吒庙，与大三巴牌坊彼此相望，中西庙宇比邻而居，信仰共融，和谐而美好。

见证明朝 vs 葡国，胜负成败随风去

去触摸明代旧城墙

旧城墙位于圣保禄教堂遗址左侧，它是用泥沙、细石、稻草再掺和蚝壳粉逐层压实而成。这段残墙遗址建于明朝时期，承载着沉重的历史，它是明政府和葡萄牙对决的见证。澳门城北、东、南的城墙和诸要塞建置的炮台已不复存在。然而，从残存的旧城墙也能感受到当时凝重的气氛。

大炮台：展示历史的铁血品格

沿着大三巴牌坊拾级而上，便是大炮台了。大炮台建成于1617年，本属教会所有，用于防范海盗、保护圣保禄教堂，后转为军事设施区。如今这里成为俯瞰澳门的好地方。伸手去触摸那些巨型铸铁古炮，上面刻有清晰的年代字迹，将人们从现实带入历史之中。巧在这里有一门大炮正好对着新葡京，很多人在此拍照留念，以此来发泄输钱的不满。

大炮台已成为澳门的一道景观

圣安多尼教堂

23 Reason

外国的"月下老人"也懂得牵根红线吧

圣安多尼教堂

天主教徒所奉的"婚姻主保"之神——圣安多尼圣人是赐予新人幸福的保护神,有如中国的"月下老人"。以往葡人婚礼多在圣安多尼教堂举行,华人因此将之称为"花王堂"。

圣安多尼教堂位于白鸽巢前地南面,为澳门三大古教堂之一。教堂室内采用砖木结构,祭坛庄严华丽。错落有致的檐部、断裂扭曲的山花、繁复弯曲的线条以及多重层叠的壁柱烘托出天主教的表现主题——十字架上受难的耶稣和带有深刻含义的耶稣会标志。

虔诚的教徒

教堂内氛围静谧宁和

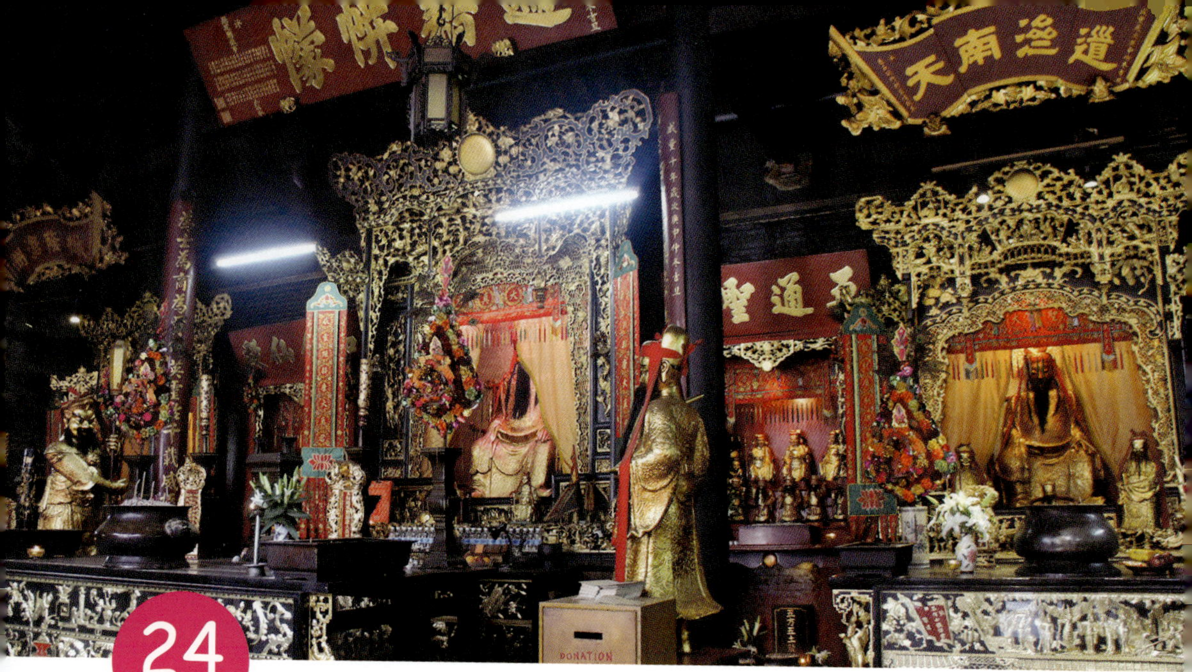

24
Reason

位于十月初五街的康公庙

赴一赴热闹非凡的康公诞

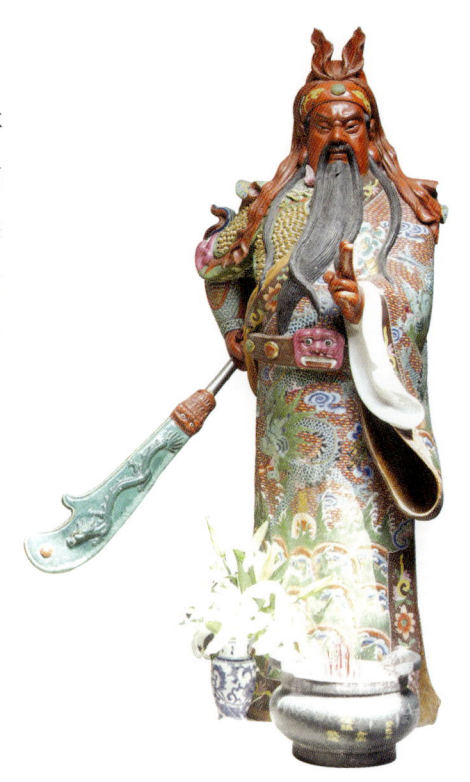

康公庙位于十月初五街中段，有 200 年多年历史，是澳门最有特色的庙宇之一。庙内正殿供奉康公真君，即汉代之帅李烈（李烈因保国有功，受封成为康公）。这座寺庙专门主持民间喜庆法事，殿前中央放置有“酒船石”，是专给善男信女向神佛礼拜奠酒之用。

康公诞是附近最多人参与的宗教节日之一。在康公诞那天，信徒不准吃鸭子。信徒们将康公的神像抬在街上游行，神像在锣声和烟雾中前进，热闹非常。

来议事亭前地感受地中海气息

民政总署大楼：葡萄牙人在澳门的地方政治心脏

民政总署大楼（议事亭）曾是葡萄牙在澳门的地方政治心脏，一切市政事宜，乃至葡萄牙的集会和庆典都在此举行。

在民政总署大楼总能寻找到最地道的葡萄牙风味，楼内所有布置均按照葡萄牙国王若昂五世王朝时代的图案样式配置，墙上还挂着历代总督的相片。无论是屋顶的灯饰，还是开会的桌椅；无论是碎石铺成的地面，还是青瓷画中的帆船，都透出"如假包换"的葡式风韵。

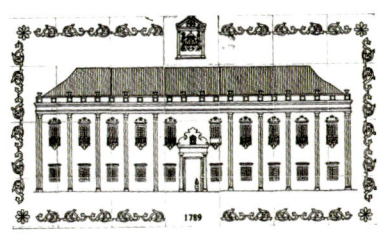

1789 年

议事亭前地：领略地中海气息

葡萄牙人把建筑物前的广场叫作"前地"，由于这里曾是澳门行政中心"议事亭"之前的广场，因而得名。

议事亭前地具有海洋特征的葡石地面，是澳门最富葡萄牙传统特色的景致。这里既保持着浓厚的东方情调，又洋溢着南欧色彩，具有浓郁的地中海气息。这里有由葡萄牙碎石组成的各种动物图案铺就的地面，道路与错落有致的葡萄牙风格建筑相融合，让你有一种仿佛置身异国他乡的错觉。

1888 年

1999 年

不同历史时期的民政总署大楼

26 Reason

去教堂里追溯澳门的城市记忆,品味"东方梵蒂冈"

仁慈堂:写下城市的记忆

走过喷水池,人们常常忽略了这座安静高雅的白色建筑——仁慈堂大楼,如果有兴趣细细品味,你可以发现简洁下蕴藏的魅力。它的新古典主义外衣,配上丰富的立体装饰线条,给人肃穆高雅的感觉。楼上的博物馆陈列着各种有关传教的展品,从中可以了解天主教在澳门的传教经历。

仁慈堂本身已有400余年的历史,为澳门首任主教贾尼路创立,负责慈善救济的工作,并开办了中国第一间西式医院——白马行医院,设有数个慈善机构。

玫瑰圣母教堂:最典雅的巴洛克式教堂

玫瑰圣母教堂位于皮梓堂前地,所以玫瑰圣母堂又称皮梓堂、板樟堂或多明我堂。教堂始建于1587年,是天主教的多明我会教士初到澳门时设立的,至今已有400多年的历史。

玫瑰圣母教堂是澳门最典雅、最美观、最具代表性的巴洛克式教堂,教堂内供奉着花地玛圣母,她是葡国人很崇拜的神。每年5月13日,澳门天主教徒都会参与一年一度的花地玛圣母游行,沿途歌唱圣诗、念祈祷文,并在主教山教堂举行弥撒。

主教座堂:天主圣名之城的象征

位于板樟堂附近高地上的主教座堂,一直是澳门天主教的中枢,右侧为主教府,是澳门天主教最高管理机构——澳门天主教主教公署所在地。一年一度最盛大的天主教子夜弥撒、耶稣圣像巡游等大型活动也在此举行。

早在1575年,天主教在澳门设立了主教辖区。有"圣名之城"称号的澳门一度成为天主教在远东的传播中心。主教座堂又称"大堂",并非它是澳门教堂中最大,而是因为它最具威严的象征。

圣约瑟修院及圣堂:澳门天主教的"少林寺"

圣约瑟修院于1728年由耶稣会士创办。在200多年的办学过程中,圣约瑟修院培养了许多中国和东南亚各地教会的人才,被老一辈的澳门人称为澳门天主教的"少林寺"。

与修院毗连的圣约瑟修院圣堂,规模仅次于耶稣会士兴建的圣保禄教堂(现大三巴牌坊前身),因此本地人又称它为"三巴仔"。圣堂内现存圣方济各·沙勿略(FranciscoXavier)的圣髑,供教徒敬礼。沙勿略是第一位到远东传教的耶稣会士,后被誉为"东方宗徒"。该圣髑被视为东方天主教会的重要文物。

庭院深深，倾诉从未改变的中国心

卢家大屋：清末富商旧居

走在喧闹的议事亭前地，感受着各种西方风格的建筑，仿佛置身在异国；拐进小胡同中，一座晚清中式大院立刻会抓住你的视线，这便是卢家大屋。它体现了粤中民居温婉纤细的建筑风格，青砖裸露的墙壁、传统雕花的窗户、镶嵌着花形的玻璃屏风，由此可知房子的主人——晚清著名商人卢九对传统建筑的情有独钟。当外界吹满洋风的时候，卢先生还固守在传统的大屋内，也正因为如此，才给后人留下了为数不多的较完整的中式大宅建筑。

郑家大屋：清末思想家的故居

郑家大屋位于龙头左巷。这座院落式大宅是清末著名思想家郑观应的故居。花岗石砌的墙基、青砖的墙壁、木质百叶窗是传统的岭南风味；而建筑装饰的天花、门楣窗楣的式样等又显示出西方古典建筑的特色。

郑家大屋约建于1881年，由郑观应的父亲郑文瑞筹建。其后，孙中山在香港西医书院学习时，常与郑观应在此议论时政，相讨救国救民的路径。1894年，郑观应在此完成《盛世危言》，提出"富强救国"的思想。

何东图书馆：屋易三主

何东图书馆建于1894年以前，原为官也夫人所拥有。其后被香港富绅何东爵士购入用作别墅。1955年何东爵士在港病逝，后人按其遗嘱，将故居及25000港元购书经费赠予澳门政府，建立一所园林式公共图书馆。它是一座集历史、文化、建筑艺术于一体的楼宇。

在城区逛累了，不如漫步到何东图书馆寻找一份安静和惬意，在这里你会暂时忘记外面的喧嚣，找到心灵中的一份安静。

28 Reason
窥视烟花柳巷远去的背影

福隆新街全景

福隆新街被誉为"青楼文化活化石",未经改建的旧建筑引人遐想

福隆新街建筑群曾经是澳门的烟花之地,是迄今为止保存得最完整的中国青楼建筑群,可说是青楼文化的唯一"化石"。

这里的楼房兼具中西特色,与过去内地深宅大院式的妓院截然不同,深街长巷的两旁林立着双层楼房,而鲜红的木窗棂和木栊门、红瓦坡的屋顶形式又反映出19世纪中式建筑的特色。这是一条令男子绮思无限、令女子感慨万千的小街,走在这条街上仍然能想象出旧日门前熙熙攘攘,窗内夜夜笙歌、风尘蝶舞的景象。自20世纪初以来,福隆新街性质逐渐蜕变,成为传统的商业旅游区,是著名的"会街"之一。

去中国第一所西式剧院听歌剧

  岗顶剧院位于岗顶前地,是澳门唯一的也是中国最古老的欧式剧院。它是为纪念葡萄牙国王伯多禄五世,于1860年由澳门的葡萄牙人集资兴建,曾因白蚁蛀蚀问题关闭近20年。岗顶剧院主色为绿色,衬托墨绿色门窗,属新古典主义风格。

  剧院所在的岗顶前地古称磨盘山。该地段虽然不大,但自然环境清幽典雅,人文宗教景观荟萃。从剧院走出,踏上岗顶前地,环顾四周皆是世界文化遗产。由碎石铺成的海浪图案路面,更散发着浓郁的欧陆情调。

每周都有来自世界各地的精彩活动在岗顶剧院上演

拜谒圣老楞佐堂内保佑平安的风信之神

圣老楞佐堂又称风信堂（风顺堂），建于 16 世纪中叶，是澳门三大古教堂之一，位于风顺堂街。教堂建筑美轮美奂，外形在欧洲古典式的基础上带有巴洛克风格。教堂雄伟壮观，左右钟楼并峙，一座时钟，作报时用；一座铜钟，供教堂弥撒时摇动轰鸣用。教堂屋顶是中式的金字瓦面，室内装饰充满东方色彩，古雅逸趣。

祭坛内供奉的圣老楞佐神像，身着绚丽的衣袍，一手持《圣经》9，一手拿法杖，庄严肃穆，在葡国人心目中，是为航海人庇护平安，赐予风信之神。

圣老楞佐堂（风顺堂）外观

1. 教堂内观
2. 教堂花园内的圣人雕像
3. 包含故事内容的彩色窗画

澳门历史悠久的舟楫文化

澳门内港码头

澳门内港码头,葡萄牙语称 O Porto Interior,是澳门历史悠久码头区,以货运、内河运输和渔业码头为主,位于澳门半岛西面,属西江支流,水道处澳门半岛与珠海湾仔之间。内港由 12 号灯塔起至筷子基尾,全长 3500 米。

外国商船最早于澳门北湾作为停泊商港,其堤岸为半环形。到清同治年间,内港已成为北湾及浅湾的统称,乃环形港口。由于货运依赖水路,内港一带曾为澳门最早的繁荣地区。内港码头在 20 世纪 80 年代澳门渔业的兴盛时期,渔船云集,鱼栏林立。区域内皇宫娱乐场及金碧娱乐场,增添了内港一带的繁华。据 1985 年统计,澳门内港共 38 个码头,其上仓库有 12 座,尚不包括商人自用仓库。

路环的渔村与船屋

造船是澳门历史悠久的传统工业。明末清初，澳门华人造船业就相当繁荣，这与澳门三面临海，渔业发达，且多参与海运有密切的关系。清咸丰年间，是华人造船业的鼎盛

昔日造船工业

时期，澳门造船厂多达30家，每年制造的各类渔船、帆船，除了供应本地市场外，有不少销至海外。当时在沙梨头及新桥近海一带，杉桡船厂林立，工人亦众。咸丰四年，由船厂集资，建成工羡行会馆，建立鲁班祖师庙，船工踊跃签题、刻石，如今都成了历史遗迹。

澳门三面环海，在传统社会行必通舟楫，因而舟楫文化特别发达。澳门路环的海边一座废弃的造船厂（船屋）成了这种文化的见证。这里曾经铿锵工作之声不绝于耳。沿着船铺街，小巷中大门紧闭的造船分会，诉说的是由繁华而没落的产业故事，那是澳门开始金光炫目以前的本来面目，也是澳门永不没落的精神。一间船厂挨着另外一间，废铁与朽木并置，往海里延伸。船厂的高度与纵深，是方便大船的船身停泊而设计。如今沉默的高深，是巨大绵延的风景，沉默的船屋，是我们旅途中难得一遇的巨大绵延的震撼。

荔枝碗旧船厂

一方水土养一方人,喝水不忘挖井人

"喝过亚婆井水,忘不掉澳门;要么在澳门成家,要么远别重来。"

亚婆井的葡文是"山泉"的意思。传说明朝一位婆婆在此地筑水池贮山泉方便居民汲取饮用,因此人们称水池为"亚婆井"。有井就有人住,澳门早期的葡萄牙人便聚居此处,故此地是澳门最古老的住宅区之一。

亚婆井前地完好地保留了葡人公寓式住宅和葡国居民式建筑,百年榕树、卫士般的古典路灯和欧陆风情的大理石路,都一直陪伴着这口养育澳门人的古井。

亚婆井前地

澳门礼宾府内景

33 Reason 逛逛澳门达官贵人区，一不小心与名人邂逅

西望洋山，因华丽堂皇的主教府在山上，而且位置优越、景色优美，所以不少高官富人在此建有豪华别墅，包括何厚铧等政府要员及澳门赌王何鸿燊等商界巨头。从半山开始往下，红色的建筑是政界的，白色黄色是商界的。这些建筑多为南欧式风格，形成具有欧洲海滨城市的独特景观。原澳门总督府——红色典型的葡萄牙式建筑也在附近。在附近的路上闲逛，很有可能偶遇政界要员或商界大亨！

主教山上一些不起眼的建筑内往往住着达官贵人

34 Reason

登高望远，念天地之悠悠

东望洋灯塔夜景迷人

东望洋山看半岛夜色

东望洋山炮台（又称"松山炮台"）位于澳门半岛最高的东望洋山上，是中国现存最古老的西式炮台建筑群的一部分。

临近的东望洋灯塔建于1864年，是中国海岸第一座现代灯塔，它所在的位置坐标也是澳门于世界地图上的地理位置。除了在此可俯瞰澳门全景和珠江口的壮丽景色外，顺山而下还可以领略从前防空洞的真实境况。防空洞内有发电机、休息室、贮油池和登上灯塔炮台的升降机等设备，来这里体味一下战争遗留下的痕迹吧！

圣母雪地圣殿堂内观

1. 主教山小堂
2. 主教山上的瞭望塔观景台

主教山小堂：澳门最好的瞭望台

主教山小堂建于澳门半岛最高点之一的西望洋山上，是一座向航海者保护神祈祷的小教堂。殿堂简朴，供在澳葡兵弥撒祈祷之用。

教堂建筑以高耸的门楼为主体，三角形的屋顶上站立着圣母塑像。钟楼高耸入云，庄严肃穆。教堂前建有一座大理石雕刻的圣母像，圣母双手合十、慈眉善目，面朝大海、守望着出海的人们。

大型浮雕及瞭望台

大型浮雕及瞭望台在氹仔七潭公路旁，这座建于山边的大型浮雕，内容以记述澳门居民的生活形态为主。

浮雕高约 100 米，分为六面巨墙，由 12 件组合板装配而成。顶部是一座瞭望台，游人沿台阶登上瞭望台，不仅能欣赏到这座别具特色的浮雕，还可尽览澳门及西江的景色。

在喧嚣闹市中的绿洲赴一场顶级宴会

白鸽巢公园一景

陆军俱乐部

　　1870 年，当时澳门仍然是葡萄牙的殖民地，一群陆军军官在南湾花园成立陆军俱乐部。俱乐部为古雅奇特的红墙白柱老旧建筑，建于南湾花园与嘉思栏炮台之间，其设计别具一格，典雅的窗户拱顶、徐徐转动的旧式风扇充满南欧风情。从前上流社会的交际场所，现已成为家喻户晓的顶级葡式餐厅，另一部分空间则开辟成展览厅，供艺术家们展示作品之用。

　　南湾花园位于葡京酒店附近的嘉思栏兵营前，也称嘉思栏花园。花园内种植着绿树花卉，安放不少石椅，供游人休息。花园高部在东望洋山麓，有一座颇为别致的圆柱形建筑物，为欧战纪念馆，纪念在第一次世界大战阵亡的葡国军士。

寻访曾经的花园别墅

　　白鸽巢公园是位于澳门花王堂区的古老公园，原址为葡萄牙富商俾利喇的花园别墅。其后俾利喇易手卖给另一葡萄牙富商马葵士为居所。马葵士喜爱葡萄牙诗人贾梅士，故在公园摆放了一些与诗人有关的东西。相传，诗人在此地的石洞内完成了著名葡萄牙史诗《葡国魂》的一部分。

　　马葵士喜欢养白鸽，由于大量白鸽栖于檐宇，远观像白鸽巢一样，故而得名。白鸽巢公园古木苍天，鸟语花香，即使盛夏时节，处身其间，仍是宛如游清凉世界。

陆军俱乐部现辟为展览空间和餐厅

在澳门海边赏江南园林的风姿

卢廉若公园：苏州园林风韵

卢廉若公园，当地人也称之为"卢九花园"，是港澳地区唯一一座具有苏州园林风韵的公园。幽雅秀丽、如诗如画的江南风光，"小中见大"巧妙布局，让你仿佛置身于苏州园林。峥嵘百态的奇峰怪石堆成的假山、涓涓流水的小池塘、横跨其上的九曲桥与岸边随风舞动的柳树相映成趣。全园以"春草堂"水榭厅为建筑主体，外墙为葡式典型的米黄色，12根哥特式廊柱围绕在其四周，"中国红"的坐椅式栅栏静立平台，让人坐在中国院落，眼看西方风景。

具有江南庭院韵味的卢廉若公园　　　　　　　　　　　　　　荷兰园大马路

没有荷兰风格的荷兰园

别误会了"荷兰园"，这里可与荷兰风情绝对是风马牛不相及。关于荷兰园的来历也源于一段荷澳之间的战事，相传1622年，荷兰人侵犯澳门，反被军力薄弱的葡萄牙军队及澳门居民击败，政府在此地安置荷兰俘虏，故被人称为"荷兰园"。这里随处可见富有江南风情的中式庭园及洋溢南欧格调的古建筑，不失为澳门的观光胜地。

37 Reason

与大陆相连的"莲花茎", 定格特殊的历史

澳门关闸边检大楼外观

关闸位于澳门最北面,与中国内地相通,也是澳门半岛与内地陆地相连的唯一之处。关闸是一座"凯旋门"式的拱形建筑门楼。从这里步行几分钟就可到达珠海拱北海关,两地人车往来非常方便,向来是繁忙的交通枢纽地带。关闸门楼始建于1870年,有上百年的历史,已被作为旅游景点,想经此前往内地的人士,须经旁边的海关通道。此处因其特殊的历史意义,成为旅游者必游之地。

澳门七个出入境口岸开放时间:

地点	开放时间	通关对象
关闸口岸(陆)	6时至次日1时	持有效证件的出入境人士、客车、私家车
路氹莲花口岸(陆)	24小时	持有效证件的出入境人士、客车、私家车
珠澳跨境工业区边境站(陆)	24小时(货运);零时至7时(临时向符合规定的出入境人士开放)	货运;向社会开放对象为劳务人员、学生和澳门居民,不包括自驾小车和客车。
外港客运码头(海)	24小时	持有效证件的出入境人士、货运
内港客运码头(海)	8时至20时30分	持有效证件的出入境人士、货运
氹仔北安客运码头(海)	24小时	24小时 持有效证件的出入境人士、货运
澳门国际机场(空)	24小时	持有效证件的出入境人士

1. 建于1870年的"凯旋门"式关闸门楼
2. 每日都有数十万人经澳门关闸出入境

38 Reason

不可遗忘的那段血泪与耻辱

东方基金会会所：原东印度公司的驻扎地

东方基金会会所建于18世纪70年代，原址是葡国皇室贵族、财政顾问，澳门保险之家创始人之一的巨富俾利喇的别墅，也是澳门最初建造的别墅式花园豪宅

之一。后来别墅租给东印度公司，作为该公司驻华商务监督及大班的住所。20世纪60年代后曾改作贾梅士博物馆，现为东方基金会会所，并改建为展览空间。屋前花坛已改为水池，在垂柳的映衬下，这里的风景显得格外秀丽。

1. 东方基金会会址
2. 东方基金会花园内的景观

林则徐纪念馆：澳门抵抗鸦片的历史

19世纪中叶，清廷禁烟钦差大臣林则徐到澳巡阅，曾在莲峰庙台案接见澳葡官员。庙前空地高达3米的林则徐全身石像正是为纪念林氏到澳一事。

林则徐纪念馆于1997年11月在莲峰庙内落成，以赞扬林则徐不畏强权、勇敢禁毒的高尚品格。馆内藏有虎门销烟、澳门昔日风貌等图片，以及林则徐和朝廷之间的通讯资料；并陈列了各种船只的模型，包括清代的中国军舰、葡萄牙航船和存放鸦片的船等。此外，馆中还陈列有吸食鸦片的器具，以提醒人们不要忘记毒品的危害。

观音堂：《望厦条约》的签署地

观音堂又称普济禅院，在澳门三大禅院中以规模宏大、历史悠久、占地广阔、建筑雄伟著称。观音堂建于明朝末年，距今约380多年，庙貌巍峨，深入三进，横连几座，"普济寻幽"别有洞天。观音堂为中国古翚飞式的佛教建筑，具中国名山古刹的特色；堂后有大花园，里面有一张圆桌和四个小石凳。中美第一个不平等条约——《望厦条约》正是在这个小石桌上签订的，石桌中间有一条分界线。

望厦炮台：葡萄牙殖民时期的军事防御据点

望厦炮台（或称望厦山炮台、莲峰山炮台）是位于澳门望厦山市政公园之内的古老炮台。

1. 观音堂内的建筑雄伟庄严
2. 中美签订第一个不平等条约《望厦条约》的小石桌
3. 位于望厦山市政公园内的望夏炮台

　　望厦炮台初建于清道光二十九年（1849年），1864～1866年重修落成。望厦炮台由澳门总督亚马留负责监督兴建，是为葡萄牙在澳门实施殖民主义之后第一座兴建的炮台。炮台曾是澳门重要的军事防御据点之一，可装置10门大炮，其位置可俯瞰澳门关闸一带地区的活动。1960年，望厦炮台停止使用。

再唱《七子之歌》，重温"回家"之路

金莲花广场：盛世莲花

在澳门新口岸高美士街、毕士达大马路及友谊大马路之间的金莲花广场，盛开着一朵中华人民共和国中央人民政府为庆祝1999年12月20日澳门回归祖国，由国务院赠送的"盛世莲花"——金莲花，象征澳门永远繁荣昌盛。

"金莲花"采用青铜铸造，表面贴金装饰，高6米、重6.5吨，主体部分由花茎、花瓣和花蕊组成，形似莲叶的基座部分则由3层红色花岗岩相叠组成，寓意澳门半岛、氹仔和路环三岛。

融和门：捧在手中的友谊

融和门坐落于澳门西湾填海区，是由4根高40米的支柱，两两一组互钩而成。支柱为钢筋骨架，混凝土浇注；支柱表面铺设黑色花岗岩，地面铺设葡式碎石。日落黄昏的景色更为壮观，是一道十分美丽的风景线。

融和门设计抽象，包含天、地、水、力，表达和平、爱心，有人认为融和门看似手掌拱合，象征中葡友谊。

东方拱门：中葡文化交融的象征

东方拱门矗立在罗理基博士大马路何贤公园回旋处行车隧道上，为钢铁铸造，异常瞩目。拱门于1996年6月10日揭幕，高28米、阔35米，耗资达675万元。它由数件巨型预铸钢铁组成，包括两边弧形柱及中央圆环，互相构筑成巨大的拱门，象征澳门是中葡两国文化的交汇点，和谐统一。四周设有射灯，夜晚时分灯光笼罩整座纪念建筑，异常美丽。

东方明珠：中葡文化在同一时空交汇

东方明珠是澳门其中一座中葡友好纪念物，坐落于澳门北区友谊圆形地，由葡萄牙雕塑家罗若诚设计。于1997年6月10日揭幕，由时任葡萄牙内阁事务暨国防部部长韦德霖、澳门总督韦奇立、立法会主席林绮涛等人主持。

东方明珠对开海域是港珠澳大桥珠澳口岸人工岛的选址，是建设中的港珠澳大桥在西段的着陆点。

雕塑的两个建在地上的拱形钢件呈橙色，互相交错，象征两个民族的文化在同一时空交汇；周围由大小不一的不锈钢球体环绕，每个球体的喷泉，象征中葡两国人民同样有生生不息的生命活力。雕塑共耗资650万澳门元，东方明珠的微妙之处在于无论在什么角度看都一样。

比巴黎埃菲尔铁塔还高还好玩

　　你想踏上比巴黎埃菲尔铁塔还高的澳门旅游塔，体会全澳景观都在你脚下的感觉吗？那就来位于南湾新填海区的澳门旅游观光塔吧！它是全球第十高塔，338米的高度让人仿佛置身云层之上。如果你够幸运，遇上能见度高的天气，还能远眺香港和珠三角部分地区。该塔还有展览及会议设施、主题餐厅、高级购物中心和剧场、露天广场和海滨长廊等，是全球十大观光塔之一。除此之外，旅游塔还有一系列刺激好玩的新玩意，包括类似"笨猪跳"的高飞跳，还有在塔上不设栏杆围绕塔走一周的"空中漫步"……真是对胆量的极限挑战。

澳门旅游塔的"笨猪跳"刺激又畅快

澳门蛋,体育事业强大的结晶

为举行第四届东亚运动会而兴建的澳门蛋是澳门体育事业强大的标志。澳门蛋位于路氹新城东侧填海区,建筑总面积约6.9万平方米,工程造价约达6.4亿澳门元,是目前澳门最大的室内体育馆。它由主场馆、副场馆和多功能馆(会展中心)三部分组成,置于一个巨大的穹顶之下,屋顶为一个半透明的球体,让自然光线充分透进馆内。由于其为椭圆形穹顶建筑,因而被冠以"澳门蛋"之称。

"澳门蛋"是澳门体育事业强大的标志

举家同游好去处——渔人码头

　　澳门渔人码头是澳门首个主题公园和仿欧美渔人码头的购物中心,由何鸿燊及周锦辉投资兴建,总投资约为澳门币18.5亿,经过5年时间兴建而成。

　　渔人码头坐落于外港新填海区海岸,占地超过111500平方米,融娱乐、购物、饮食、酒店、游艇码头及会展设施于一体,结合不同建筑特色及中西文化,务求使游客突破地域界限,体验不同地区的感受。而区内多元化的娱乐设施使澳门渔人码头成为举家同游的好去处。

　　这里有澳门首家以非洲餐为主题的非洲村烧烤乐园餐厅,可以吃到超稀有的木薯薄饼和热辣鲜美的非洲水鹿串烧;在葡萄牙馆二楼的春秋火锅,则是凭海鲜和潮流锅底打响招牌的,这里的顶级澳大利亚新鲜老虎虾及象拔蚌,都是很新鲜的;迈阿密美食天堂的巨型美式汉堡及薯角,将美式快餐与美式建筑风

渔人码头旧景,未来将重建多间大型酒店及娱乐文化设施

格完美结合，还将热情奔放的活力渗透在现场气氛中。在澳门的渔人码头罗马馆，还有一条集齐澳门地道食品的怀旧美食一条街，可以让你大叹葡国传统小食及澳门本土特色美点。

澳门渔人码头的另一个特点在于它不收入场费，因此成为许多观光客的必到之处。

为增加对游客的吸引力，渔人码头决定重建，预算约 60 亿港元，工银澳门牵头组银团贷款 42.21 亿港元，融资所得资金将用于兴建渔人码头励庭海景酒店、励宫酒店和励骏酒店、占地 8700 平方米的"澳门恐龙馆"，重建 1200 个座位的古罗马表演场，于励骏大道加建上盖，以及开设游艇俱乐部，各项重建项目包括已于 2015 年 2 月 2 日开业的励庭海景酒店、2017 年 2 月 27 日开业的励宫酒店和励宫娱乐场，以及计划于 2019 年 6 月底前完工的励骏酒店和其他娱乐文化设施。

重建渔人码头专注于家庭及文化娱乐，项目完成后将进一步革新澳门的旅游业内涵，为旅客提供文化、家庭娱乐和科普教育体验，以及多样化的饮食、住宿和购物设施，成为澳门半岛的主要景点，与路氹的休闲旅游设施相互辉映。

三桥飞架镜海长虹

连接澳门与氹仔两岛，共有三道大桥，分别为澳氹大桥、中葡友谊大桥及西湾大桥。

澳氹大桥

澳氹大桥落成于 1974 年 10 月，连引桥全长 3400 多米，横跨澳氹海面，弧度很大，有如长虹卧波，设计独特，予人既雄伟又玲珑的印象，给古老的澳门平添现代气息。入夜后，桥灯吐亮，如珠连串，又给濠江夜空增添璀璨光彩。在不同季候，无论日夜，大桥都被烘托出秀丽的身影，成为澳门的风景线，也成为澳门发展的标志。

1. 三条澳氹大桥连接了澳门半岛和氹仔岛
2. 澳氹大桥是澳门第一条连接澳门半岛和氹仔岛的大桥

中葡友谊大桥

1994年4月,第二道澳氹大桥(中葡友谊大桥)建成启用,全长4414米,减轻了旧大桥交通负荷,也对繁荣澳门起着重要作用。

大桥全长4700米,是澳门三桥中最长的一座,也是亚洲最长的大桥之一。关于友谊大桥设计与兴建还有一段佳话。大桥最初的名字是新澳氹大桥,为了减轻快30岁高龄的澳氹大桥负担,由中葡双方的两家公司共同承建,1994年落成的时候,为了纪念合作建桥正式更名为"中葡友谊大桥"。这座桥让澳门的交通更加的便利,也许,从某种意义上来说,"中葡友谊大桥"也搭建起了中国大陆同胞与澳门人心中的那座桥。

1.中葡友谊大桥连接澳门新口岸和氹仔北安码头
2.西湾大桥采用"竖琴斜拉式"设计

西湾大桥

澳门第三条桥连接澳氹的大桥,是跨海斜拉桥——西湾大桥。2004年12月19日,由时任国家主席胡锦涛主持落成礼,并于2005年1月9日正式通车。

西湾大桥为竖琴斜拉式,全长约2200米,宽度28米,而主跨距离180米,成为世界上双层混凝土桥梁的最大跨度,是三条澳氹跨海大桥中最短及最宽的一条。

有佛就拜，有神就求，总不会错

谭公庙：谭仙圣也很灵哦

谭公庙位于路环十月初五街尾，与珠海的横琴岛极接近。该庙建于清同治年间，距今已有百多年，是路环香火最盛的庙宇。庙内除供奉谭仙圣外，更加置有一对由鲸骨雕制而成的龙舟，是一件已有百多年历史的文物。据说摸过鲸骨的人会行好运，故善男信女进香后必顺便摸一摸龙骨。而在庙外一块刻有"鹅"字的巨型大石，亦为区内一个特色标记。

圣母雪地殿教堂：护卫航海之神

圣母雪地殿教堂是东望洋山上最古老的建筑，始建于1622年，所供奉的是葡国人信奉的护卫航海之神。圣堂内部建筑保留了17世纪葡国修院的特色，天花板呈拱形，上面画着很多有特色的图画。1996年，政府对圣堂进行内部保护和修复工程，发现了壁画遗迹。壁画上的圣经故事和人物，运用了中国绘画的技法，整个画面是中西文化和艺术的大融汇。

四面佛：掌管人间一切事务的佛祖

要是有一尊佛掌管人间的一切事务，爱情、事业、健康、财富，你是不是也很想去拜拜，期望他能给你带来好运？澳门有两座四面佛：一座在氹仔澳门赛马会停车场的旁边；另一座在澳门客运码头附近的国际中心内。他们都是请自泰国的佛祖，人称"有求必应"的四面佛。四面佛原名"大梵天王"，为印度婆罗门教三大神之一，乃是创造天地之神、众生之父。天王在天界中法力无边，掌握人间荣华富贵，具备崇高之法力。

45 Reason

世界最长的跨海大桥——港珠澳大桥

施工中的港珠澳大桥

  1983年，源于对祖国改革开放的信心，港珠澳大桥计划的构想最初由民间提出。随着祖国崛起，大桥的建设提上议事日程。2009年10月28日中国国务院常务会议正式批准港珠澳大桥工程可行性研究报告。

  有"超级工程"之称的港珠澳大桥连接香港、澳门和广东省珠海市，是国内第一个采用沉管工艺的海底隧道，是世界上规模最大的沉管隧道，不仅代表了中国最高水平，也反映了世界最高水平。这个长达29公里的大桥计划于2018年通车，是仅次于庞恰特雷恩湖桥和宁波杭州湾大桥、胶州湾大桥的世界第四长桥，建成通车后，开车从香港到澳门和珠海的时间将由目前的3个多小时缩减为半个多小时。宏伟壮丽的大桥和大桥博物馆，将成为旅行者们竞相参观的项目。

  港珠澳大桥是中国首座涉及"一国两制"三地的世界级跨海大桥，作为中国建设史上里程最长、投资最多、施工难度最大的跨海桥梁项目，港珠澳大桥受到海内外广泛关注。港珠澳大桥将连起世界最具活力经济区，快速通道的建成对香港、澳门、珠海三地经济社会一体化意义深远。

  港珠澳大桥作为世界最长的跨海大桥，是祖国腾飞的象征，是"中国梦"现实的象征。于澳门而言，是与祖国一齐腾飞的翅膀。

1. 政府总部内的花园
2. 政府总部内观
3. 室内的金莲花装饰
4. 政府总部是一栋粉色建筑物

46 Reason

迷上政府总部的童话色彩

　　见到政府总部就一定会被它迷住，粉红色的楼宇，像迪斯尼里面的情景再现，很难想象这竟是澳门的最高权力机关。澳门政府总部位于极具南亚风情的南湾街，南湾大马路再往上一点，曾是澳门总督的官邸，以往是澳督办公之地和澳门的行政中心，现在是澳门的政府总部。

　　澳门政府总部是建筑师阿奎诺糅合欧洲和亚洲建筑精华设计而成的，于1840年由澳门的建筑商承造。它是一座典型的葡萄牙建筑物，面积有5万平方米，分两层建筑物及花园，以麻石为墙基，结构牢固，左右两翼伸出，拱形窗门，镶嵌木质百叶窗。花园在建筑物后面及右侧，富有南欧情调，是澳门的又一特色建筑物。主楼占整体面积的2/5，其余为花园位置。内里装修气派不凡，有中国特色的名贵酸枝家具，配上精美的中国瓷器，使澳门政府总部内更添豪华气派。

　　整座官邸坐落在坡上的花木之中，其造型颇具特色：全楼层以白色边为界、上面有宽深的阳台、突出的山形窗棂和白色法式百叶窗以及平台式屋顶。其内部装潢和布置，除在开放日外，平日虽然不易见，但是在澳门政府总部前拍张照留念，也不失为一个好主意啊！

品味舒淇和刘德华第一次约会的浪漫之地

《游龙戏凤》让人们又多了一个游走澳门的理由，舒淇和刘德华第一次晚餐约会和求婚的地方就在这里——澳门的圣方济各圣堂。

圣方济各圣堂建于1928年，这座小教堂的建筑形式类似于澳门一般的巴洛克式教堂。教堂的外墙为白色，有椭圆形窗户及一座钟楼。教堂前有一座纪念碑，以纪念当地在1910年战胜海盗一役。教堂内本有一银色骨箱，自1978年被移入，箱内盛载着圣方济各的手骸圣髑，现时已被送到圣约瑟修院收藏。圣方济各在400多年前跟随传教士自日本到达中国南部沿海，1552年于澳门附近的一个小岛逝世。此外，原本在教堂内存有1835年大三巴圣堂火灾所遗下的59位日本籍及14位越南籍死者的圣髑，现已被移到大三巴牌坊后的天主教艺术博物馆内。

1. 圣方济各教堂内观
2. 圣方济各教堂是一座巴洛克式建筑

48 Reason

寻根，穿越时空隧道的博物馆之旅

习惯了在参观博物馆的时候一脸的严肃，逛澳门的博物馆会令你有各种各样的表情。你会兴奋，因为看到了大赛车；你会沉醉，因为品尝了令人心醉的红酒；你会听到很久远的声音，因为古旧留声机就在你耳边；你会感觉穿越了时空隧道，因为你身在 20 世纪初的住宅里……

澳门博物馆

澳门博物馆是一所颇具特色的历史博物馆，于 1998 年 4 月 18 日启用。澳门博物馆分两个主要部分：澳门大炮台的博物馆展览大楼和北面山丘的博物馆行政大楼。博物馆楼高三层，其中一、二层在大

炮台下面。馆中丰富的展品展现了澳门数百年来的历史变迁，讲述了澳门多元文化融合的状态。

地　　址：大炮台（大三巴牌坊侧）
开放时间：10:00 ～ 18:00，逢星期二休馆。
票　　价：澳门币十五元；五岁至十岁儿童、学生及六十岁或以上长者澳门币八元；五岁以下儿童及学校团体免费。每月 15 号对公众免费开放。

海事博物馆

澳门的历史与大海紧紧地联系在一起，海事博物馆所采用的主题不但反映了澳门，还系统地阐述了葡萄牙和中国在海事方面的历史，说明大海对人民文化所具有的重要性。

海事博物馆成立于1987年，博物馆展览大楼设有各类主题区，介绍这一地区的主要海事活动，包括中国南部的捕鱼方法和传统渔船、科学技术和交通工具，葡国和中国的海事历史；其中的实物展览不仅有中国龙舟，也有古老的葡式三桅船。

地　　址：妈阁庙前地1号
开放时间：10:00～17:30，逢星期二休馆。
票　　价：10岁至17岁 - 澳门币5元（星期一至六）/3元（星期日）；
　　　　　18岁至64岁 - 澳门币10元（星期一至六）/5元（星期日）；
　　　　　10岁以下、65岁或以上免费。

消防博物馆

消防博物馆在具有南欧建筑风格的消防总局指挥大楼内，该大楼建于1920年，现消防总局指挥大楼已被评定为具建筑艺术价值之建筑物。由于市民对消防工作的兴趣浓厚，于是消防局便设办展览厅，增进市民对消防工作、不同年代的消防员服饰和消防用具的认识。其中分为主展厅和内展厅，陈设有古老手摇水泵、20世纪50年代英制消防车、消防员出勤的假人场景、历史资料、图片、消防总局模型、消防衣物、钩梯等。

地　　址：连胜马路2～6号
开放时间：10:00～18:00，公众假期照常开放。
票　　价：免费。

澳门艺术博物馆

　　艺术博物馆是澳门唯一以艺术和文物为主的博物馆,也是澳门最大的视觉艺术展示空间。馆内有各类展览馆共七间,收藏中国书画、印章、陶瓷、铜器、西洋绘画、现代艺术及摄影作品等珍贵艺术品及文物。另外,艺博馆还附设多媒体图书馆,置有与艺术相关之书籍,有声读物及国际互联网,供读者免费使用。

地　　址:澳门新口岸冼星海大马路
开放时间:10:00～19:00(18:30停止入场),
　　　　　逢星期一休馆,星期日免费开放。
票　　价:成人澳门币5元;持学生证人士及至
　　　　　少10人团体,澳门币2元;12岁以下
　　　　　儿童及65岁以上长者免费参观。

天主教艺术博物馆

　　天主教艺术博物馆于1996年10月对外开放。博物馆展室在地下层,陈列有多件宗教艺术品,表现了澳门丰富的传教历史。收藏的展品有图画、雕刻及礼仪装饰品等,这些有代表性的展品都是从澳门所有教堂、修院的收藏品中精挑细选出来的,其中包括一个罕有的17世纪的木制圣弥额尔大天神。

地　　址:大三巴牌坊后
开放时间:9:00～18:00 。
票　　价:免费。

土地暨自然博物馆

　　土地暨自然博物馆是路环岛第一个博物馆。土地暨自然博物馆的两座场馆共有5个展区，展区内容分别是：澳门自然地理、昔日农耕工具、农民劳动情况、动植物标本和药用植物。展区的介绍以文字（为中文和葡萄牙文）、图片、标本模型及实物为主，当中设有视听器材让参观者使用。

地　　　址：路环石排湾郊野公园
开放时间：10:00～18:00，逢星期一休馆，公众假期照常开放。
票　　　价：免费。

澳门科学馆

位于澳门新口岸填海区那座"人工半岛"上的科学馆，给人许多期望。造型奇特的建筑在阳光下呈现出鲜明的金属质感，进入科学馆大厅，不论大人、孩子立即会被琳琅满目的展出项目所吸引。比如太空馆的360度天幕影院里就有许多选择，亦幻亦真的场景把人带入无边无垠的广阔空间，观众感觉自己正在星际长空遨游。

在那里你还可以看到1:1真实比例的中国神舟号飞船模型，甚至可以进入船舱窥探太空生活的奇妙空间。还有一样新奇东西您也别忘瞧瞧，那是一只长方体黑色匣子，从正面看里面，有人正在桌子上摆弄一个机器人，机器人是在黑匣子表面的一层透明屏幕上放映的视频图像，而里面桌子上确是摆放着真实的物品，这样真假结合造成的视觉奇景真的令人叫绝！

地　　　址：澳门孙逸仙大马路
电　　　话：+853 28880822
开放时间：10:00～18:00，逢星期四休馆，公众假期照常开放。
票　　　价：展览中心澳门币25元；
　　　　　　天文馆（2D球幕/2D天象节目）澳门币60元；
　　　　　　天文馆（3D球幕/3D天象节目）澳门币80元；
　　　　　　两岁以下幼童参观所有设施均费用全免。

通讯博物馆

　　通讯博物馆附属于邮政局，于 2006 年 3 月 1 日启用。全馆共有三层，一楼是展品区域，图文与实物并茂，从人类最早期的传递信息方法，直至近代的电报，展览极大地拓展了大家对通讯的认识，包罗万象，令人叹为观止。展品还包括各种各样的邮品，甚至能让你亲自制作属于自己的邮票。步上二楼，就是众多科学家大显身手之地，安培、法拉第、富兰克林、贝尔等纷纷现身，人类的讯息开始进入电子化的时代，在"模拟世界"中，参观者可在博物馆职员指导下，亲自设计和模拟电路。当然，更为精彩的还有"雅各布的天梯"：这个模拟闪电发生的装置，使参观者领略电流的神奇之处。一切，原来就在电光火石间。

地　　址：澳门马交石炮台马路 7 号
电　　话：+853 28718063/+853 28718570
开放时间：9:00 ～ 5:30，逢星期一休馆及农历新年首三天休息。
票　　价：成人澳门币元；澳门学生、18 岁以下澳门居民、国际学生证持有人 5 元；
　　　　　3 至 9 人组别（每位）8 元；10 人或以上组别（每位）7 元；
　　　　　3 岁以下儿童、65 岁或以上长者（澳门居民）免费；关馆前 30 分钟停止售票。

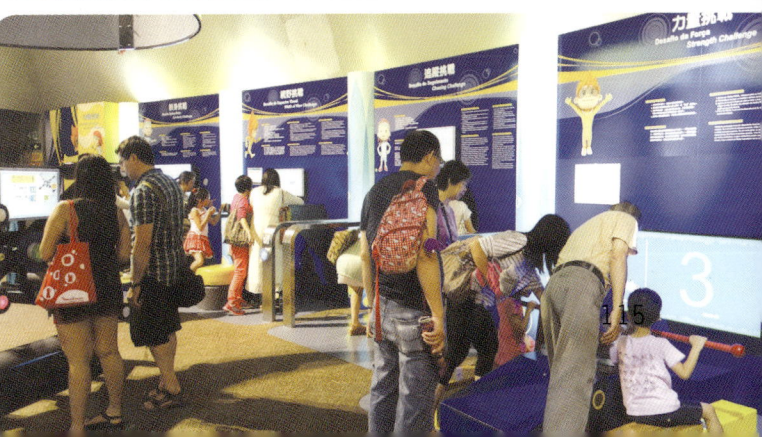

49 Reason

极尽奢华，尽显高贵，酒店就是你的专属游乐场

寻常的旅行中，酒店大多只是停留的工具；但或许只有在澳门，酒店却成为了旅行的目的，因为那里有着一切奢华的享受。

美高梅金殿酒店：极尽奢华

还未踏入美高梅，你就会被它熠熠生辉、波光闪闪的金色外表所吸引。外墙以黄金色、白金色及玫瑰金色的波浪形式的玻璃铺设，酒店天幕广场的天花更以真金箔贴制，25米高的巨型玻璃天花渗透日光，耀眼晕眩。晚上这里又变为浪漫欧陆式花园，魅力迷人。很多富豪都来此为他们的子女举行婚礼。单就酒店豪华独特的建筑和室内设计就能令人大饱眼福了。

美高梅金殿共35层，大约600间客房。套房内部设计随酒店外墙弧度而微妙变化，皆呈现出独特的空间感。酒店中有知名品牌的水疗、美容中心，顶尖食府及酒吧，各式宴会及会议场地，世界级表演、娱乐项目及具代表性的绿茵广场。此外，还设有澳门首间Veuve Clicquot凯歌吧，拥有3张全球只有60张限量版的Love Seats坐椅。

地址：澳门孙逸仙大马路1101号
电话：+853 88028888

美高梅酒店

星际酒店的大堂金碧辉煌

四季酒店：城市中的绿洲

静谧的绿洲和精致的时尚名店都包含在连接氹仔岛及路环岛的金光大道上的四季酒店中。这座投资10亿元建造的酒店，占地超过2万平方米，60间客房的设计糅合古朴典雅的元素及东方色彩，展现出澳门多元文化的独特风貌。设计者巧妙地将金银珠宝、锦缎及丝绒的华丽，充分地表现在酒店的每一个角落。

酒店内设有名店街、DFS环球免税店，引进众多国际品牌，是澳门首个豪华购物中心，与威尼斯人大运河购物中心形成了一个超过180家世界品牌的购物区，是"骨灰级"购物达人的绝佳选择。

地址：氹仔望德圣母湾大马路
电话：+853 28818888

> **Tips：拭目以待的金光大道**
>
> 路氹金光大道位于澳门路氹城，是一项大型旅游建设项目的商标名称，形式类似于拉斯维加斯的拉斯维加斯大道。金光大道集酒店、会展、消闲、表演和娱乐等元素于一身，是澳门一个重要的新兴旅游区域。所有项目建成后将会有约20座大型酒店，共提供约60000间客房、数十家大型娱乐场、多个大型购物中心、数个会展场地以及多个大型表演场馆。整个项目总投资额预计将达到120亿～150亿美元（折算约为1000亿澳门元），耗时7～10年时间分三期发展七个地段，初步估计所有项目将于2018年建成。

新濠锋酒店：六星级礼遇

澳门皇冠酒店是澳门第一家以六星级酒店标准而建造的五星级酒店。酒店以米白色、金色、棕色为基调，并配以蓝色来点缀、加强装潢的活力动感。不论身处酒店大堂还是38楼的客房，均能让澳门半岛美景尽入眼帘。

皇冠酒店于2007年5月12日举行的开业典礼上，邀请了国际著名影星周润发担任酒店代言人。当时的皇冠酒店是全氹仔最高的建筑物，酒店大楼高约160米，共38层，包括24间贵宾套房及8间优雅的总统别墅式套房。酒店引入世界级的美食佳肴，设有多项休闲及娱乐设施，包括娱乐场、各式餐厅及水疗中心等，为游客带来无可比拟的六星级超凡礼遇。2009年新濠天地落成，其中包含了新的皇冠酒店，因此该皇冠酒店于2009年上半年易名为"新濠锋酒店"。

皇冠酒店内部装饰华丽典雅

地址：氹仔17段（A1）
电话：+853 28868888

新濠天地：水舞间演绎浪漫爱恋

新濠天地住宿设施完善而精致，酒店提供300多间由澳大利亚著名设计公司精心设计的豪华客房，舒适而有格调，每间客房都可以欣赏到路氹城的迷人景致，尽显尊贵和奢华。同时，由新濠天地精心策划的立体动感视听节目——龙腾，让每位宾客恍如置身水底，在360度环回视觉效果中、穿越自然领域，犹如与龙腾中之玉龙一起游历深海世界。宾客在历时10分钟的多媒体视觉感观体验中，能亲身经历4位龙王穿梭冰川、热带雨林、火山及太阳系，齐心护送龙珠的故事，当中更能感受龙珠的神秘力量。

此外，新濠天地"水舞间"水上汇演邀请全球最伟大的灵感创作大师佛朗哥·德拉戈亲自创作和执导，水上汇演耗资巨大，经过了五年的筹划和两年的排练才得以和观众见面。为了打造这出空前巨制，新濠天地特别兴建备有顶尖科技器材的剧院，其舞台泳池容量破纪录地高达370万加仑，相等于5个奥林匹克标准泳池的容量，更糅合了前所未有的高难度特技表演，配上绚烂夺目的服装及匠心独运的空间设计，唯美地演绎出一个穿越时空的浪漫传奇。

地址：路氹城邻近路氹连贯公路及澳门科技大学之地段
电话：+853 88686888

新濠天地酒店浪漫的水舞间剧场表演深受游客喜欢

新濠天地内的城市装饰模型

星际酒店：尽显盎然气派

　　澳门星际酒店坐落于澳门核心博彩娱乐区——友谊大马路，楼高39层。酒店的装修设计极具特色，在现代艺术中融入了中国传统文化，以超值的价钱便可享受堪称澳门之最的精致豪华客房。酒店拥有超过500间豪华客房和套房，包括面积达600多平方米的总统豪华套房，所有房间均可欣赏全城美景。星际酒店荟萃了世界各地的珍馐美食，多间顶级食府打造全新澳门美食天堂，是热爱精品美食的饕餮们不错的选择哦！

地址：澳门友谊大马路
电话：+853 28383838

星际酒店的各式餐厅荟萃世界各地的美食

澳门银河：傲视世界情系亚洲

澳门银河综合度假城，则是位于路氹城的另一世界顶级度假胜地。

该度假城总投资达 155 亿港元，三家亚洲最负盛名的名牌酒店——悦榕庄、大仓、澳门银河，共设 2200 间客房及 10 间水上别墅；设有 50 多家食肆；提供一系列具亚洲元素的多元化娱乐，包括"红伶"私人会所、澳门最大规模最豪华的 3D 影城及全球最具规模的空中冲浪池天浪淘园。

悦榕庄酒店电话： +853 88838833
大仓酒店电话： +853 88838883
澳门银河酒店电话： +853 28880888

1. 银河酒店大堂钻石表演精彩夺目
2. 澳门银河酒店

澳门最新最大 3D 影城

UA 银河影院坐落在澳门银河酒店内，为澳门银河的旅客及澳门居民呈现视觉感官享受。UA 银河影院占地接近 16000 平方米，包括宽敞华丽、独特剧院式设计、设有四个厢房，提供顶级超凡电影感受的银河大影院。此外，UA 银河影院内五间豪华贵宾影院可供应五星级餐饮、由专人提供服务的酒廊，以及可调校角度的舒适沙发座椅。加上另外四个影院，UA 银河影院共提供 1000 个舒适座位。全部十间独立影院可放映 3D 电影，紧贴高解像度电影科技大趋势，以满足顾客对高质素视觉效果的追求。UA 银河影院内每间影院亦可举办各类型活动，包括表演、会议及商务简报会等。

1. 银河 3D 影城
2. 银河东翼广场经常举办各种展览

银河红伶私人会所

极具品位成功人士的顶级私人会所——红伶

2012年3月30日,专为极具品位的成功人士而创立的顶级会员制私人会所"红伶"(CHINA ROUGE)位于澳门银河酒店开幕。红伶其原创概念源自蜚声国际的设计师及品牌顾问陈幼坚,并由他亲自操刀演绎。创作灵感源自1880年代野性绮丽的巴黎夜幕、20世纪30年代的东方巴黎——上海的流金岁月、前卫时尚的装饰派艺术,荟萃出感性撩人、叫人再三玩味的典雅私人娱乐圣殿。

红伶典藏多件特为此会所而创作的艺术珍品,全部出自中国当代最著名艺术家之手笔,来自世界各地的表演者,在红伶呈献世界顶级娱乐表演,带给高品位的您高雅的娱乐体验。

订座:附设最低消费及入场费
服饰:时尚便服,男士禁止穿着无袖上衣、短裤及
　　　凉鞋/拖鞋入场
营业时间:
酒吧及酒廊
星期三｜星期四｜星期日:晚上七时至凌晨三时
星期五｜星期六:晚上七时至凌晨四时
星期一｜星期二:只供私人派对及预订活动
表演厅及贵宾厢座
星期三｜星期四｜星期日:晚上十时至凌晨三时
星期五｜星期六:晚上十时至凌晨四时
星期一｜星期二:只供私人派对及预订活动
地址:澳门路氹城「澳门银河TM」综合度假城
电话:+853 28880888

永利酒店：无与伦比的豪华

澳门永利酒店是永利酒店集团主席史提芬·永利的又一创意之作。永利集团的旗舰酒店建于拉斯维加斯，耗资高达27亿美元。

永利酒店共有600间尊贵雅致的客房，世界级厨师为客人精心炮制美味珍馐。酒店还设有国际顶级品牌专卖店、舒缓身心的理疗康体中心以及多姿多彩的拉斯维加斯式娱乐节目，满足客人全方位的休闲娱乐需求。

地址：澳门外港填海区仙德丽街
电话：+853 28889966

豪华瑰丽的永利酒店

圣地牙哥古堡酒店：钟情怡然优雅

　　圣地牙哥古堡酒店是澳门第一座由古堡改造的葡萄牙传统建筑样式的酒店。酒店外部是白墙红瓦，里面有水声淙淙的隧道石阶、葡式拱门、小径回廊，古朴优雅。内部气氛宛如中世纪的西洋馆，使用的物品均是葡萄牙制造。目前该酒店暂停营业，待轻轨工程完结后才有望复开。

　　酒店拥有24间华丽舒适的客房，富有特色的古堡装饰环境，舒适惬意。房间设有独立的浴室、温度调节器、迷你酒吧；24座位的会议室、高格调的餐厅、泳池、露天茶座也一应俱全。汽车租赁、外币找换、代买船票、保险箱等服务让游客的澳门旅行无任何后顾之忧。

地址： 西湾民国大马路

有300多年历史的圣地牙哥古堡酒店富有怀旧特色

50 Reason

乘贡多拉游威尼斯大运河

澳门威尼斯人酒店外观

威尼斯特色拱桥、运河中环游的贡多拉、圣马可广场、石板路、叹息桥、大钟楼……威尼斯人完美打造意大利水城风光，营造出充满浪漫奔放的异国风情。

威尼斯人度假村酒店号称是亚洲区内唯一集庞大设施、旅游热点和各种优良设备于一身的旗舰级建筑，还是全球第二大单体建筑，也是世界上赌桌数目最多的"娱乐中心"。它拥有10多万平方米的会议展览场地，15000个座位的表演场地，1800个座位的索拉奇艺坊剧院，超过10万平方米的大运河购物中心及350间国际品牌商店。

威尼斯人度假村酒店拥有近40家餐厅，从东方口味的日本料理、广东点心、中华面食到东南亚风味餐，更少不了法、意风格美食，还有进门就能放松心情的爱尔兰酒吧。若嫌这些餐厅太拘束，大运河购物广场还有美食街，让人快速"充电"，吃饱后再和满街精品大战三百回合。

1. 酒店的装潢古典华丽
2. 威尼斯人酒店夜景

金沙城中心：异域风情展独特魅力

位于路环连贯公路，澳门四季酒店对面的金沙城中心酒店，于2012年4月11日起正式投入运作。该酒店是金沙中国路氹金光大道第五、六期项目，提供总面积达120万平方英尺的零售、娱乐消闲、餐饮设施，包括：康莱德酒店、假日酒店和喜来登酒店合共5800间酒店房，100间品牌名店的购物中心金沙广场和10万平方英尺的会议展览场地。此外，附设两间水疗中心、三间健身俱乐部以及占地30万平方英尺的两间独特设计的主题"喜马拉雅"和"波利尼西亚"娱乐场。

Tips：酒店里的威尼斯大运河

进入威尼斯人度假村酒店，你总会被它的辉煌而震惊，罗马式的拱门、文艺复兴时期的古典主义壁画、装饰精致的水晶灯、洛可可小碎花式的雕刻、金黄的灯光，将西欧风格的建筑衬托得更富丽堂皇。置身在欧式风格的建筑下，漫步大运河两岸，似乎真的漂洋过海来到了意大利。贡多拉船上身着意大利风情服饰的船夫，个个皆是唱歌的好手，只要付上成人澳门币128元（每程）、儿童澳门币98元（每程）、家庭套票澳门币512元（每船每程），便有洋人为你撑船，游荡于清澈的蓝色大运河中。船夫的歌声引来两岸观看的人们，坐在船上的你陶醉在船夫悠扬的歌声中，似乎成了这座水城的中心。

地址：澳门望德圣母湾大马路，路氹金光大道
电话：+853 28828888

1. 富丽堂皇的装饰令人眼前一亮
2. 美丽的外国小提琴表演者回眸一笑
3. 精彩的表演吸引游客和市民围观
4. 欧式古装打扮的表演者亲切友好
5. 乘坐威尼斯人大运河的游客拍照留念

参与葡京酒店演绎的辉煌传奇

葡京酒店过去一直被誉为澳门的"象征",落成于1970年,它是当时澳门第一间也是最大的五星级酒店。酒店大堂装修富丽堂皇,云石大堂、巨型水晶吊灯、古董及工艺珍藏,亚洲罕见。酒店直通葡京娱乐场、巴黎疯狂艳舞团及18间著名食府入口。

地址:澳门葡京路2-4号
电话:+853 28883888

对面的新葡京也是赌王何鸿燊旗下公司所有,为七星级酒店设计名师的最新杰作,又是一座吸引世界目光的耀眼建筑。它与旧葡京之间设有人行通道,可以随意穿梭。新葡京主楼高228米,共为44层,装潢精致的400多间豪华客房展现出不一样的气派。

地址:澳门葡京路
电话:+853 28283838

新旧葡京酒店交相辉映

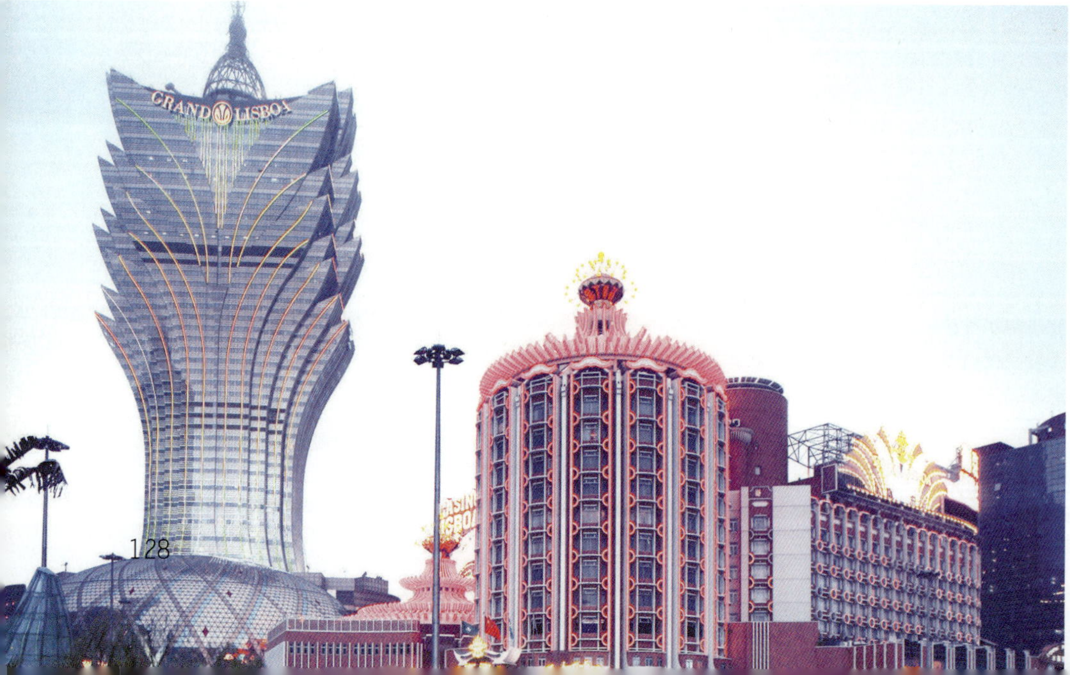

只愿夜夜相拥"威斯汀"

　　鹭环海天度假酒店原名威斯汀度假酒店，位于风光明媚的路环岛，楼高8层，外观呈梯形，顶楼建有一个18洞锦标赛高尔夫球场，连绵起伏，四周景色如诗如画。在这世界级的国际豪华度假酒店里，您可享受高尚的住宿设施。

　　酒店设有宽敞舒适的客房及套房、行政套房（各设1间睡房）、主席套房及总统套房。每间客房拥有27平方米的私人阳台，所有房间都可享受到一望无际的黑沙海滩及南中国海的醉人景色。

地址：澳门路环黑沙马路1918号
电话：+853 28871111

1. 位于黑沙滩旁边的鹭环海天度假酒店
2~3. 酒店大堂
4. 不少新人选择在酒店外的花园内举行温馨浪漫的婚礼

放飞心情,就去公园疯玩

大潭山郊野公园

大潭山郊野公园位于澳门氹仔东面,邻近澳门国际机场,直属澳门民政总署。

大潭山和小潭山是氹仔岛上的两座山丘,是眺望澳门半岛景致的好地方。位于山径步道旁的大潭山郊野公园距离澳门国际机场很近,每逢假日,公园里的人工滑草场处处可见到小孩兴奋地坐在色彩鲜艳的滑板上,从斜坡滑草地的顶端快速滑下,现场洋溢着一片阖家欢乐的气氛。

地址:氹仔天文台斜路
电话:+853 28399317

1. 亲子滑草比赛趣味十足
2. 风景旖旎的黑沙水库郊野公园

1～2.石排湾郊野公园内的大熊猫馆
3～4.公园内的风景和设施

石排湾郊野公园

　　石排湾郊野公园位于路环岛西部的山麓，离路氹公路不远。这里绿树成荫，是郊游的好去处。公园内有儿童游乐园、烧烤场地、中式园林、动物园和小鸟天堂，而且还设有熊猫馆，用于安置中央政府赠予澳门的两只熊猫开开和心心，以及它们的孖仔宝宝健健和康康。此外，公园内还有一个展览中心，展出本地各种动物标本和在本地栽种的树木。土地暨自然博物馆也设在公园内，博物馆虽然不大，但很有趣味，值得一看。

地址：路环石排湾大马路
电话：+853 28315566

黑沙水库郊野公园

　　黑沙水库郊野公园位于路环岛中央山东南的山林地带，总面积约37.1公顷。从地形上来说，公园以黑沙水库最具特色，故郊野公园亦以黑沙水库命名。黑沙是澳门首个水上乐园，有水上单车的出租服务（只于假日）。黑沙水库的水坝上绘有壁画，坝旁有一儿童滑草场。水库堤坝附近设有植物迷宫、游乐区和烧烤、野餐、野营地点；还有家乐径和健康径。至于热带雨林、野人谷及猪牯塘，则是生态保育及教育的研究地点。不论你喜欢短途或长途之行，这里都有理想的地点与路线可供参考。

地址：路环黑沙马路
电话：+853 28399317

54 Reason

寻找澳门最后一处净土

路环岛远离澳门半岛,依旧保持自然原色风光,山丘、树林、海滩、天然海水浴场,更有澳门最早也是最后的本色渔村路环村。

路环渔村静静卧在路环半岛的一端,与世无争,村内安静宜人,时间仿佛停止,所见都是渔村居民友善的微笑。

石板街上存留着旧式的小卖店、咖啡店和面食店,店主多是上了年纪的原居民。很久以前,岛上常有海盗出没,1910年,10多名广东台山的学童被绑架掳至岛上,葡兵以救"肉参"为名,火烧及炮轰路环,结果"肉参"虽被救出,却有数十名无辜村民罹难,现在渔村的碎石广场中所

1. 路氹的老房子多数都有一定历史
2. 路氹图书馆
3. 圣方济各教堂附近是路环大排档集散地

傍晚路氹海边的宁静景色

路环海边的酒吧

看到的"打海盗纪念碑"便是经此一役而立。

村内沿着海边有一排铁皮屋,铁皮屋的店铺内挂满传统风味的咸鱼,多是村民自制,味道正宗,吸引了不少远道而来的顾客。每年的农历四月初八是渔村最热闹的节日,这天是"谭公宝诞",渔业的传统节日。谭公是代表海上的安全之神,他常帮渔民预测天气、治疗疾病。为酬谢神灵庇佑,在谭公宝诞那天,村民会舞狮或欣赏传统戏曲表演,平静的渔村一下子热闹非凡。

55 Reason

个性十足的特色博物馆，展示奇趣、精致的澳门

设有不同主题的住宅式博物馆

住宅式博物馆

住宅式博物馆位于氹仔的"龙环葡韵"，是一处住宅式博物馆。这里的住宅极富殖民地色彩，置身这些带有欧洲及中古传统特色的淡绿色小楼，能让你感受土生葡人的生活方式。看着挂在墙上的真实照片，有漂亮的女主人、可爱的孩子，再配以原来的家具，似乎能看到他们当时的生活情景。

地　　址：澳门氹仔海边马路
开放时间：10:00～18:00，17:30后停止入场，逢星期一休馆，星期二免费参观。
票　　价：澳门币5元，学生及团体票澳门币2元；十二岁以下或六十五岁以上免费入场；逢星期日免费。

参观住宅式博物馆可了解不少葡国的风土人情

留声机博物馆

澳门留声机博物馆是全球少有专门展示音响的博物馆之一。它收藏了 200 多件古旧留声机、木制手摇电话、灯泡收音机、原子粒收音机等,见证了音响电器百年来从手动到电力能源的发展史。站在这些古老的机器旁,总不禁唏嘘那段"留声岁月"的沧桑与柔情。

地　　址:澳门草堆街 13～15 号太平电器广场三楼
开放时间:11:00～17:00,
　　　　　需提前一天预约参观,逢星期六、日休馆。
票　　价:澳门币 30 元

典当业展示馆

澳门的典当业于清代已经存在,到了清末民初,当铺的开设更是成行成市。典当业的发展,令澳门出现大小不一的当铺。

德成按是民国六年(1917 年)开设的一间当铺,原为澳门富商高可宁之物业,这间当铺的格局无论是外形建筑设计,还是内部陈设的安排及典当记录的工具和程序等,均按民初时期中国当铺的基本模式而设置。如今,这些古旧当铺已成为历史陈迹。澳门特别行政区政府文化局为保存澳门的历史文化,特将"德成按"维修整理,建为典当业展示馆,恢复昔日当铺的面貌,供市民及游人参观。

地　　址:澳门新马路 396 号
开放时间:10:30～21:00,
　　　　　逢每月第一个星期一休馆。
票　　价:澳门币 5 元

1. 典当业展示馆展出的当簿
2. 与展示馆相邻的文化会馆已于 2014 年歇业了

大赛车博物馆的一比一赛车模型

结合影像和实物的展览方式生动形象

大赛车博物馆

　　大赛车博物馆位于澳门高美士街旅游活动中心。大赛车博物馆和澳门每年都会举行的赛车大赛一样不容错过。这里有最著名的已故车手冼拿的参赛车和参赛服，还有很多有关格兰披治大赛车赛事的照片及各种赛车。

地　　址：新口岸高美士街 431 号旅游活动中心地库
开放时间：10:00～18:00，逢星期二休馆。
票　　价：免费

葡萄酒博物馆

葡萄酒博物馆位于澳门新口岸旅游活动中心内。这是亚洲唯一普及红酒知识的博物馆，在这里可以品酒，也可以了解酿酒工艺和红酒历史。

博物馆内可分为酿酒历史区、酒类收藏区和酒类陈列区三部分。珍藏葡萄酒的地窖中共收藏了 1100 多种不同品牌的葡萄酒，其中 300 多种是博物馆的珍藏品。同时，博物馆里还为 18 岁以上的成人提供美酒，可以令游客一边参观博物馆，一边品尝甘醇的美酒。

地　　址：高美士街 431 号旅游活动中心地库
开放时间：10:00 ～ 18:00，逢星期二休馆。
票　　价：免费

葡萄酒博物馆可以一边品酒一边欣赏各种葡萄酒知识

位于澳门望德堂区的风堂十号

疯堂十号创意园

如果你想感受澳门的艺术氛围，一定不可以错过疯堂十号创意园。疯堂十号创意园位于望德堂区，与仁慈堂婆仔屋仅一墙之隔，是政府给本地艺术家提供的一个艺术创展平台。

这个占地达650多平方米的新古典建筑，原为澳门富商陈锦全所拥有，始建于1917年，被澳葡政府于20世纪80年代收购，曾被用作廉政公署及环境委员会的办事处，现被澳门特区政府收购，并由望德堂区创意产业促进会以民间艺团的身份自行管理，积极联系本地的文化创意工作者，在创意园以至整个望德堂区开展文化创意活动，营造适合发展文化产业的气氛。走进疯堂十号创意园的小花园，环境幽静，碎石路上，树荫下，摆放着多张桌椅。在碎石子小路上，有多个圆形羊雕塑坐着，每个羊雕塑有着不同的设计以及不同的色彩，充满艺术气息，是本地艺术家所创作的"牧羊少年之奇幻之旅"系列雕塑。

大宅内设有十多个本地驻场艺术家的工作室，并设多功能厅举行艺术展览。沿着设计独特的圆拱形楼梯走到上层，多个小巧却丰富的展览室展出不同主题和形式的艺术作品，包括摄影展、画展、陶艺展等，琳琅满目，令人眼前一亮，每间房都是澳门艺术文化的宝库。

疯堂十号创意园不定期举行各种艺术展览、小型音乐会、讲座及工作坊等，对澳门本土艺术有兴趣的你，请密切留意。

每逢双数月的第二个周末，这里都会举办名为"疯堂天地"的活动，届时会有澳门本土艺术家做街头表演，并设露天酒吧，特色工艺摆卖及画家即席创作等。

地　　址：疯堂斜巷10号
开放时间：10:30～18:30，逢周一休息
票　　价：免费

手信博物馆各种展品

D
狂欢澳门
MACAU AS A FESTIVAL CITY

澳门特区无论中西节日都有庆祝活动

澳门居民96%属中国血统，华人对于传统的民间节日非常重视，如农历新年、清明节、端午节、重阳节、中秋节、赛龙舟会等都热闹非常，其中尤以春节最为热闹，由除夕晚开始，至翌日凌晨时分，大批善信涌往妈阁庙还神及祈求来年顺景，庙内人声鼎沸，前往上香的市民又可在指定范围内鸣放爆竹、烟花庆祝，市面洋溢着一片欢乐气氛。

另外，一些与宗教、习俗有关的节日，例如"娘妈诞""醉龙醒狮大会""圣母花地玛巡游"等也有庆祝活动。如在户外架搭临时戏棚，上演粤剧折子戏；教堂内举行宗教弥撒和圣像出游，形形色色，充分表现了澳门中西文化相融的特色。

一年一度、刺激紧张的澳门格兰披治大赛车是赛车盛事，大概于每年10月至11月期间举行。每届赛车节期间，来自世界各地的好手云集，分别参加电单车、房车、三级方程式等各项比赛，在著名的"东望洋跑道"上，竞逐桂冠。自举办以来，历届的比赛都吸引大量的游客来澳观赏赛事。

除了刺激的大赛事之外，旅游局、文化局和民政总署每年还会主办很多大型活动，如国际烟花比赛汇演及国际音乐节等。

还等什么？去澳门过节、纵情狂欢吧！

澳门全年节庆表演、大小赛事不断，小城热闹非凡

张灯结彩、欢天喜地，传统节日大过天

元旦（1月1日）

在澳门各大酒店、的士高及酒吧都挤满了人，大家相聚一起，欢度这个重要的日子。到了晚上，南湾湖上会燃放出璀璨夺目的烟花来庆贺新一年的来临。爱热闹的人可以加入在广场上举行的除夕晚会，在接近零时零分的时候和大家一起倒数，在欢呼声中踏入新年。

农历新年（1月或2月）

澳门的农历新年比其他的节日都要热闹。整个城市都融入到浓郁节日的气氛当中，各种庆祝活动、习俗活动随处可见，大街小巷张灯结彩，每个澳门人的脸上都洋溢着快乐的笑容，走在澳门街头的你都会被他们的快乐所感染。

清明节（4月4日）

清明节在澳门俗称"踏青""拜山"。这一天，澳门人按照传统去扫墓，会有踏青、修墓、插柳、摆祭品、烧纸钱、拜祖先等仪式，而这些仪式在许多城市已经很少见了。

端午节（农历五月初五）

传统讲究端午节吃粽子、赛龙舟。这一天整个澳门不仅粽香飘散，而且还举行享誉东南亚的龙舟赛，获胜的龙舟队可代表澳门参加同时举行的国际龙舟比赛。澳门的龙舟队在国际上也一直享有盛名。

盂兰节（农历七月十四）

盂兰节又称"鬼节"。澳门是中国保留此习俗的少数地区之一。一般在农历七月十四的前后几天，不少人家会在自家门口或者行人道上摆放米饭、肉食、生果等祭品，并且燃烧香烛冥钱，让自己的祖先或游魂野鬼都能"享受"这些祭品。这几天澳门各处火光闪闪，烟雾弥漫，气氛很是诡秘。

中秋节（农历八月十五）

每年的农历八月十五前，澳门的大街小巷都挂上别具特色的灯笼，向人们预示中秋节即将来临。澳门人很重视这个节日，亲朋好友之间互送月饼，晚上家人在一起吃团圆饭。夜晚，很多人会提着色彩缤纷的灯笼到户外赏月。

这天晚上，大家聚在南湾湖、黑沙海滩等地方一边赏月、一边吃月饼，共享天伦之乐。

重阳节（农历九月初九）

澳门人有在重阳节登高、扫墓、吃重阳饼的习俗。在这一天很多人会携男带女登上螺丝山、松山、主教山等高处，一边饱览秋色，一边度过一个愉快的家庭日。

他们都在狂欢，我们还等什么

苦难耶稣圣像巡游（2月12日~13日）

如果你看到一群人抬着受难耶稣的圣像往返于圣奥斯丁教堂与主教座堂，并沿路传教感化众生的时候，千万不要惊讶。这是澳门正在举行的一年一度的苦难耶稣圣像巡游，信徒们会在每年的2月12日～13日举行大型的巡游活动来纪念耶稣，场面十分热闹。

复活节（3月或4月）

复活节是纪念耶稣基督为人类献上生命并在稍后复活的事迹。这个节日对本地天主教社群十分重要。有关的纪念和庆祝圣典活动分3天进行：耶稣苦难（星期五）、圣周（星期六）、耶稣复活主日（星期日）。在这3日内，澳门各堂区的教堂都会举行庆典弥撒。其中一些传统仪式在邻近地区已不多见，所以有不少教徒专程从香港来澳门参加有关的纪念活动。

泼水节（具体时间请留意官方公告）

每年4月，澳门缅华泼水节都会举行大型的嘉年华活动。最让人期待的就是泼水狂欢，全场都笼罩在一片水声和欢呼声中。还有东南亚的歌舞表演、美食文化演示和花车巡游等等，也为泼水节助兴不少。

花地圣母巡游（5月13日）

一年一度的花地圣母巡游已成为天主教徒盛典。仪式在当天15:00举行，在玫瑰堂供奉圣体；17:45进行葡文弥撒；19:00圣母在众多信徒的护送下，经罗结地巷、大堂巷、南湾街等，前往主教山圣堂供奉。护送的信徒唱圣歌念玫瑰经，祈求世界和平。

圣诞节（12月25日）

圣诞节还未来临，澳门的圣诞气氛就已经非常浓厚了。各大商场和小店都会推出圣诞特惠活动，很多饼店和酒店会出售传统的葡式圣诞蛋糕，全城的大街小巷也会挂满各式各样的圣诞树，大大小小的教堂内还不时传出欢乐的钟声和唱圣诗的歌声，整个城市都充满圣诞气氛，被装点得五彩缤纷。

借着各方神仙的名义，祈福、祭祀，还有闹腾

土地诞（农历二月初三）

土地诞会让你深刻地体会到一个中国南方小城中人们对土地和传统的深深依恋。众多的商号、铺号都会举行多种多样的活动来参与节日的祭祀，热闹的舞狮、超凡技艺的醉龙师傅，一定会让你在这个寒意未尽的季节，感受到一个热气腾腾的澳门。

北帝诞（农历三月初三）

北帝诞是纪念北方水神玄武大帝的节日，一连几晚的神功戏及烧香酬神活动，见证了澳门人的虔诚和神对这个美丽南海小城的眷顾。

娘妈诞（农历三月廿三）

澳门的名字来自娘妈 Macau，每年的娘妈诞自然也是澳门盛大的节日。受到娘妈眷顾的澳门渔人，在每年的娘妈诞都会来祭祀一直守护着他们的娘妈，盛大的祭祀仪式更是热闹非凡，祈福来年澳门的风调雨顺，人民生活幸福安康。

浴佛节、醉龙节、谭公诞（农历四月初八）

农历四月初八既是佛教的浴佛节、道教的谭公诞，也是醉龙节。浴佛节原是佛教的"释迦佛祖诞"。根据习俗，这一天澳门的佛教寺庙内要举行"浴佛"活动，僧人用五香水浴佛，做龙华会，象征弥勒降生。这是佛教中一个重要庆典。

醉龙节只在很少的地方有庆祝活动，它在澳门却是一个重要的节日。这是渔业行会的传统节日，渔业人士每年都举行独有的醉龙醒狮大会庆祝。他们以舞醉龙的方式到全澳各区巡游。舞醉龙与中国各地盛行的方式很不同，醉龙只有头和尾，用坚实木料制成，没有龙身，由两名渔会会员各执头尾舞动。他们一边舞龙，一边喝酒，舞步似醉非醉，十分有趣。

谭公诞是庆祝谭公诞辰的节日。据说谭公幼为牧童，所以显灵时化身为小孩，或为渔民预测天气，或治疗疾病。他是继妈祖后深受渔民崇拜的另一位海上之神。每到诞期，路环的谭公庙前就进行声势浩大的庆祝活动，包括上演粤剧、巡游、舞醉龙等等。

鲁班师傅诞（农历六月十三）

鲁班先师在澳门是非常受木艺工人尊重的，每年祝贺师傅诞，他们都会举办隆重的庆祝活动。有一项很特别的活动是派"师傅饭"，在师傅诞那天，用大铁镬煮白饭，再加上一些粉丝、虾米、眉豆等。相传吃了"师傅饭"的小孩子，不仅能像鲁班那么聪明，而且快高长大，健康伶俐。

七姐诞（农历七月初七）

主要是未婚女子的节日。传说，织女每年农历七月初七和牛郎相会一次，相会时喜鹊在银河上给他们搭桥。

华光诞（农历九月廿八）

"华光诞"是粤剧界的一个重要日子，每年这个时候，供奉华光神像的莲溪庙都会举行酬神演戏活动。来自广东、香港和澳门当地的粤剧爱好者都会汇集到莲溪庙交流演出，与前去参观的游客共同欢庆。

在澳氹大桥上盛放的烟花

59 Reason

艺术无国界，让音乐拉近心与心的距离

澳门国际艺术节

澳门重要的文化活动，1988年3月举办第一届，主要内容有：音乐、舞蹈、曲艺、戏剧、摄影展、书画展及手工艺展，大型综艺和视角艺术展览等。

除中国澳门著名文化团体参加外，还有韩国、印度、日本、新加坡、西班牙、英国、葡萄牙、中国的内地、台湾地区、香港地区参加。澳门国际艺术节已成为本地性与国际性相结合的文化艺术活动。每届艺术节规模甚大，盛况空前。

由澳门特区文化局主办的艺术节，是一年一度的文化盛事。澳门自从澳门历史城区申报世界文化遗产成功后，文化艺术深入民间，得到了蓬勃发展。澳门国际艺术节以"多元文化、世界风情"为主题，邀请来自世界各个地区（包括澳门本地）的艺术团，把十八个演出项目带到澳门，尽显世界风情。为方便市民游客的欣赏，让市民及游客能更好地感受到环境与艺术相结合的氛围，每年的澳门国际艺术节把演出场地尽量安排在不同区域及历史文化景点。

澳门艺穗节

澳门艺穗节从1999年开始，每年于十月至十一月举办，是充满智力热情新颖有趣的文化活动，整个城市就是舞台，吸引全澳市民和游客参与，并成为全球各国青年艺术工作者的交流枢纽地。活动形式多样，有跨媒介演出、涂鸦艺术、高跷、流动艺术比赛、木偶杂耍、哑剧等等。

澳门国际烟花比赛汇演

烟花燃放的时候真的很美，火树银花映红了澳门的夜空，五光十色、造型各异的烟花让你目不暇接。一年一度的澳门国际烟花比赛汇演，于 9 月拉开序幕，会一直持续到 10 月。来自世界各国的参赛队伍将逐个进行烟花燃放表演，前来观看的居民和游客们欢呼声、喝彩声不断，呼应着烟花燃放的声响，场面真是美不胜收。

澳门国际音乐节

如果选择在 10 月畅游澳门的游客，一定不要错过了一年一度的国际音乐节。全世界的音乐爱好者及世界各国专业的音乐家、歌唱家、管弦乐队及合唱团都会来到澳门参加这个国际音乐大 Party，汇聚澳门的世界级音乐团队会带给你听觉上的华丽享受。

泰国文化节

由泰国驻港澳领事馆、居澳泰侨协会主办的"澳门泰国文化节"，每年于荷兰园二马路举行，活动以泰国文化、美食、手工艺品为主轴，并于活动上安排泰国舞蹈团、乐队及本澳歌手演出，让居民和游客品尝美食的同时，领略泰国风情。

澳门一向有不同传统、民风习俗、文化等和谐共存。居澳泰侨协会是一群在澳门生活居住的泰国人及泰侨组成，在澳门与泰国之间担当联系角色，并扶助和维护侨民利益，使他们更好地融入澳门及促进社会和谐。

泰国文化节于有"小泰国"之称的荷兰园二马路举行。设有多个由本澳泰式餐厅主理的泰国美食摊位，并搭舞台做泰国风情的文娱表演，澳团体也参与演出。

泰国文化节上精彩的节目表演

更快、更高、更强，体育是实力腾飞的展现

世界女排大奖赛

世界女排大奖赛澳门站赛事在场地宽敞、设备先进的综艺馆举行，由世界排名前几位的球队参加。女排选手的精湛球技表演，使澳门的排球爱好者大饱眼福。

澳门高尔夫球公开赛

这项锦标赛由澳门体育发展局主办。在这项比赛中可以看到来自世界各地好手们的精湛球技。赛事在位于路环的高尔夫球场举行，该球场是亚洲最美丽的几个高尔夫球场之一，从这里可眺望珠江和黑沙海滩全景。

格兰披治大赛车

澳门格兰披治大赛车，是指在澳门所举行的格兰披治赛车体坛赛事，首届举行于1953年10月30～31日。澳门格兰披治大赛车现已是澳门体坛和车坛一年一度的盛事，赛事在"东望洋跑道"上进行。跑道全长6.2公里，主要是以现有的闹市街道比赛，以多弯、狭窄等赛道因素而著名。现时定于每年11月第三个星期四至星期日举行。

另外，澳门格兰披治大赛亦是一众赛车新星的摇篮，不少世界知名的赛车手在新人时期，都曾经到澳门比赛。其中包括一级方程式世界著名车手艾尔顿·冼拿、米高·舒麦加及米高·夏健伦、拉夫·舒密加等。

格兰披治大赛车的比赛除著名的三级方程式外，还设有房车赛、电单车赛等，亦曾举办怀旧的老爷车赛、以明星名人为卖点的成龙杯等，近年还增设自动挡电单车赛来增加赛事的娱乐性。澳门格兰披治大赛车每年吸引来自世界和中国内地的大批观众，成为推动澳门旅游业的强大力量。

大赛车赛事吸引不少车迷来澳观赛

国际马拉松比赛

一年一度的澳门国际马拉松赛，云集了澳门及世界各地的长跑好手。每年12月，澳门、氹仔及路环的马路两侧都被前来观看的澳门居民和世界游客围得水泄不通，不少观众更是一直跟随着参赛选手，沿途为运动健儿们欢呼呐喊，场面紧张而激烈。

特色嘉年华令人忘情

葡韵嘉年华

热闹非凡的11月，有澳门一年一度的葡韵嘉年华系列活动。它已成为澳门一项重要的文化盛事，不但是为居澳的葡语社群而举办，也借以展示澳门别具一格的文化特色。

葡韵嘉年华活动每年特色不一，主要包括葡国美食、葡韵歌舞、葡文图书、传统游戏等展位，载歌载舞的人们尽情展示葡国风情。

澳门美食节

每年11月，在大赛车活动举办期间，澳门旅游塔前地西湾湖广场都会举办澳门美食节，视觉、嗅觉、味觉的诱惑更是让任何人都抵挡不了，是众食家不可错过的美食聚会，至今（2017年）已经是第十七届。

美食节汇聚国内外各地特色美食。饮食摊位按照地域分中式美食街、欧陆美食街、日本美食街、东南亚美食街及甜品等多个主题，还有来自世界各地不同种类的啤酒，可随时开怀畅饮。丰富多彩的文艺节目表演以及竞技游戏现场助兴。地域广、元素多、求创新，让澳门的美食节不仅成为一场世界美食集会，更是世界各地人们谈天说地、举杯共饮的盛大派对。

国际音乐节也是澳门一大艺术盛事

澳门鱼行醉龙行是本土特色的节庆文化表演

拉丁城区幻彩大巡游

为庆祝澳门回归祖国，澳门文化局自2011年开始，每年12月20日回归纪念日举办盛大的拉丁城区幻彩大巡游活动，围绕"爱、和平、文化共融"等主题，组织全球20多个拉丁语系国家及地区，以及内地、港、澳、台的演艺团队逾二千多人参与巡游表演，全城舞动，场面震撼，声色艺全，是一个极为吸引人的欢庆活动。

小城故事天光墟小夜市

可会想起每次从永乐戏院出来便会实时于门外买一碗鸡丝翅，或于隔壁档口来一碟烧卖艇仔粥？位于澳门新桥区永乐戏院与莲溪之间的大缆巷，仅存着本澳唯一的天光墟夜市。巷子虽小，却养活着不少澳门人，亦带动着本土不同生活文化，清晨有天光墟小贩，入夜则有街头小吃档口，小巷子的繁华令这一区变得热闹起来。新桥区长久以来便是澳门人主要活动地区之一，蕴含着澳门特色，这正是现存我们生活中的夜市。

可以疯狂畅饮的啤酒节

啤酒节

澳门每年的啤酒节都会吸引很多来自世界各地的游客，客人可品尝到正宗的德国啤酒和各种风味小吃，感受地道的德国风情。还会有专程从德国慕尼黑邀请来的六人乐队，让所有宾客能聆听真正的德国音乐，体会巴伐利亚人的豪迈风情，沉浸在慕尼黑啤酒带来的畅快中。

光影大三巴

一个结合历史意味、文化创意的最新艺术项目，唤醒世遗建筑物的新生命，唤醒你我对"大三巴"渐被忽略的建筑之美。

"光影大三巴"以大三巴牌坊为画纸，影

音作画笔，诉说澳门精彩的历史故事之余，更唤醒这座世遗建筑物的新生命，可谓另类的"建筑活化石"。这项结合建筑和电影之美的艺术精品，由西班牙 Telenoika Net 录像艺术团耗时 3 个月精心打造，演出采用原创音乐配以先进影像投映技术，在大三巴牌坊外墙播放视频图像。长达 20 分钟的表演分为多个主题，包括葡萄牙船队风雨飘摇来港、大三巴大火等历史故事，光影声色之间，带大家踏上时光倒流之旅。

拉丁城区大巡游气氛热闹，凝聚大批观众欢乐庆祝

体会"母子"相见的感动

国庆节(10月1日)

每年的10月1日,喜气洋洋的人们从四面八方向金莲花广场会聚,澳门特区行政长官以及各机构负责人等都来到广场,与市民们一起参加隆重的升旗仪式,并举办国庆大会,各界人士欢聚一堂,畅谈国庆感怀。全澳众多社团齐放鞭炮,不少店铺门前都飘扬着国旗和区旗,热烈庆祝国庆。澳门人喜爱体育活动,国庆组织长跑已成为例行的节目,每年的报名者都很踊跃。

庆祝活动一直持续到晚上,国庆酒会、烟花汇演、文艺演出高潮迭起,节庆气氛非常热烈。人们以各种各样的方式来庆祝祖国母亲的生日,为祖国内地和澳门的未来祈祷祝福。

澳门特别行政区成立纪念日（12月20日）

自1999年回归以来，每年12月20日，澳门上下都会为庆祝特别行政区成立举行系列活动，当日澳门全然成为一片欢庆的海洋。2014年适逢澳门回归15周年，中共中央总书记、国家主席、中央军委主席习近平来到澳门，出席庆祝澳门回归祖国十五周年活动，并主持澳门特别行政区第四届政府就职典礼。

庆祝中华人民共和国成立65周年大众体育项目汇演

特区政府在金莲花广场举行隆重的升旗仪式，庆祝中华人民共和国澳门特别行政区成立十五周年

一边派对，一边赚钱

澳门国际贸易投资展览会

澳门国际贸易投资展览会（MIF）是澳门特别行政区内最大型的国际综合性展览会，更是一场国际经贸盛事。每年10月，展览会都会吸引世界各地不同行业的厂商带来他们最新最好的产品和技术，众多的商家和游客络绎不绝，你能在最短的时间内以最直接的方式感受到世界最新最集中的高端技术和产品。

澳门国际贸易投资展览会具有特色的展览馆和展品、精彩表演及专业研讨会等丰富活动

東盟展區
ASEAN Pavilion
EURASIA

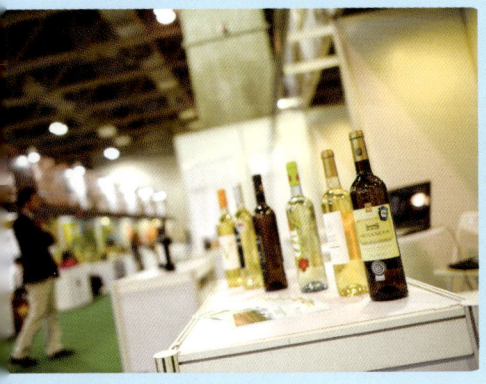

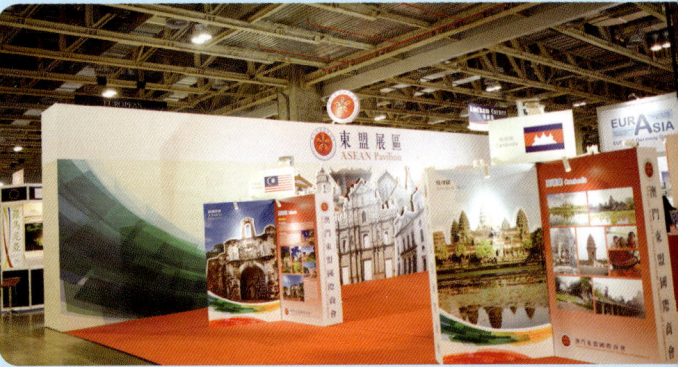

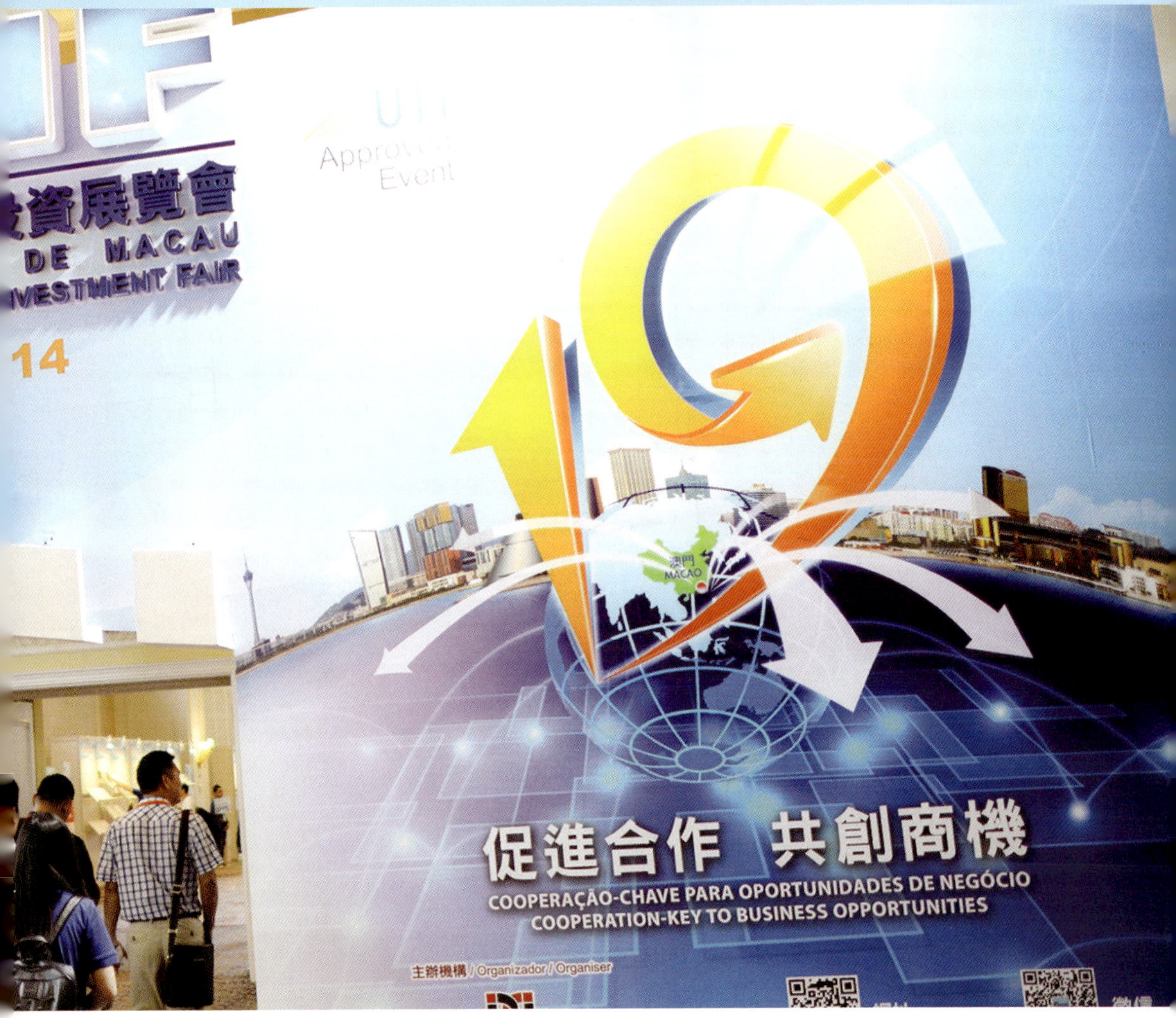
資展覽會
DE MACAU
VESTMENT FAIR
14
Approv
Event
澳門
MACAO
促進合作 共創商機
COOPERAÇÃO-CHAVE PARA OPORTUNIDADES DE NEGÓCIO
COOPERATION-KEY TO BUSINESS OPPORTUNITIES
主辦機構 / Organizador / Organiser

澳门国际旅游（产业）博览会（MITE）

澳门国际旅游（产业）博览会（MITE）自2013年创办以来，每年举办一届，前三届由澳门旅行社协会、澳门旅游商会、澳门旅游业议会以及澳门国家旅游（产业）博览会组委会主办，亦是澳门首个专业旅游展会。该展会2013年首届以"精彩世界、汇聚澳门"为主题，填补了澳门专业旅游展的空白，在形式上、思维上、规模上等多领域开创先河，引起全球各地旅游业界以及关联产业的广泛关注。

以"精彩世界，智能旅游"为主题的第二届展会，采用O2O展会运营系统，呈现出"十大亮点""五大特色"，更首次引入机器人导赏。澳门已被国家纳入"一带一路"（"丝绸之路经济带"和"21世纪海上丝绸之路"）的发展当中，站在历史发展新节点，澳门国际旅游（产业）博览会第三届展会将紧跟"一带一路"的主题，推动澳门利用"一带一路"建设的契机，促进旅游业多元化发展。

2016年9月2～4日举办的第四届澳门国际旅游（产业）博览会由澳门特别行政区政府旅游局首次主办、澳门旅行社协会承办，并获中华人民共和国国家旅游局担任支持单位。本届展会首次设有中国·葡萄牙旅游推介洽谈会，并邀请了专业讲者探讨亚太自助游新趋势和智慧旅游等专题，为世界各地业者搭建有效的交流合作平台。

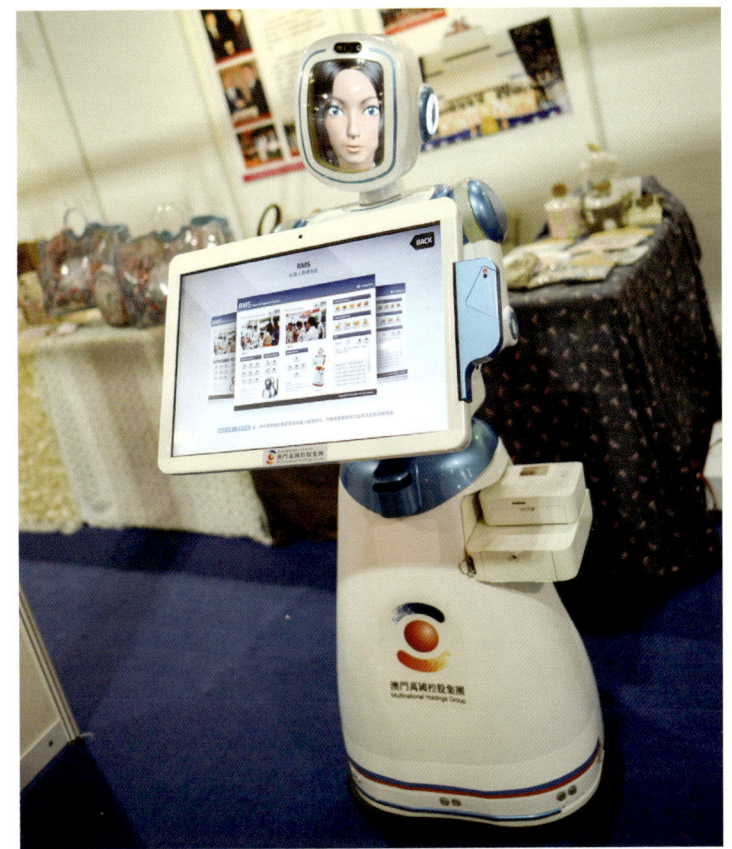

刨狗经，看赛狗，亚洲仅此一家

澳门是亚洲地区唯一合法经营赛狗的地区，至今已有54年的历史。目前赛狗已成为澳门最流行的娱乐之一，参与活动的市民逐年增多，各种报刊也经常刊载"狗经"，令人趣味盎然。

赛狗会位于澳门半岛北边的筷子基。参加比赛的狗既不是家犬，也不是警犬，而是一种经过专门驯养用来比赛的狗，名叫格力狗。格力狗的体形矫健，反应机敏，奔跑速度非常快。为了在赛狗会中夺金获银，众多玩狗者不惜重金购买各种名贵狗种，然后聘请高手驯养，以便在"狗王"争霸大战中获取高额奖赏。

赛事通常以6～8只狗为一组，排列在起跑线的铁栏中，开跑后，由一只电动假兔在前引诱狗只追逐。每周一、四、日晚上举行赛狗，每晚设12～14场赛事。

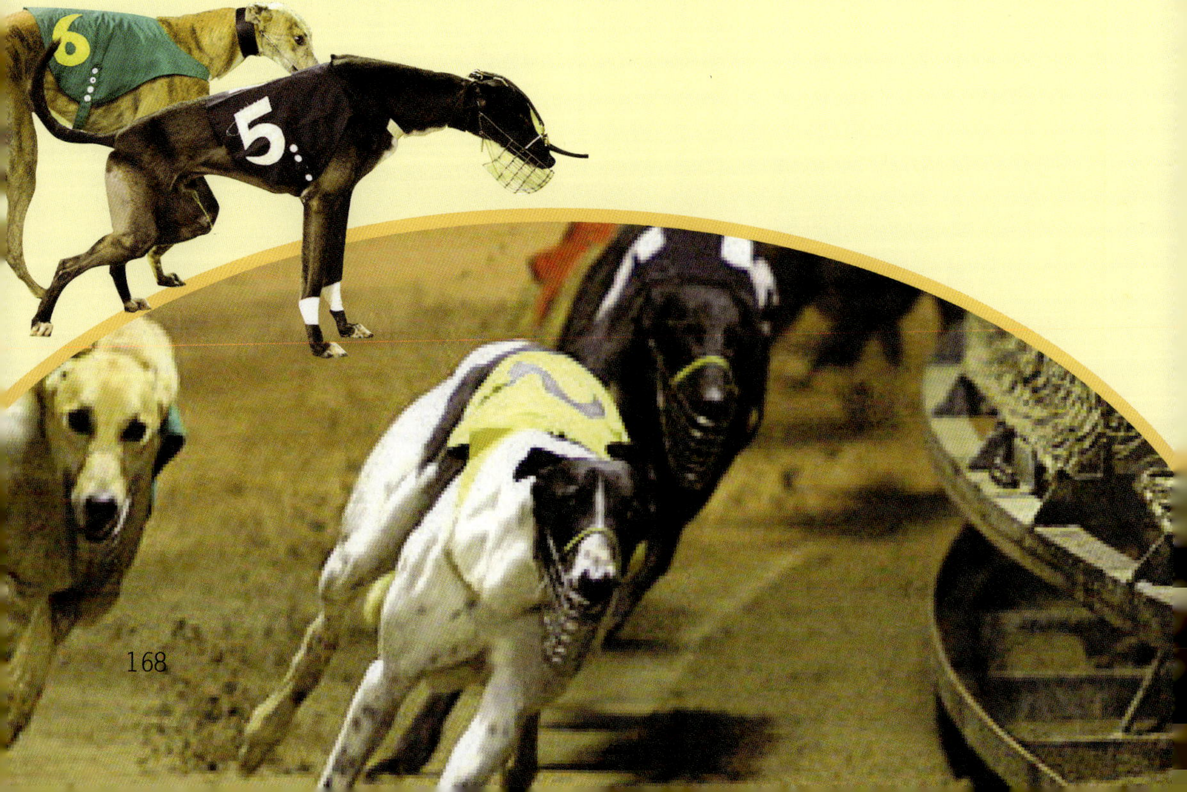

澳门可是亚洲赛马的发源地哦

澳门这片细小的土地,竟是亚洲赛马的发源地,简直有点令人难以置信。根据英国商人兼作家彼得文迪的记载,他曾在1637年到澳门,并于当年11月的某个星期天参观赛马,见证了在圣多明尼大教堂外的一块空地上举行的赛事。他在记载中写道:"每一位骑士都盛装赴会……戴着名贵的珠宝……他们的马匹却十分细小,不过速度很快及勇猛,好像英国康瓦尔郡的出赛马匹一样……"如此说来,澳门赛马的历史已经长达300多年,可称亚洲之最!

到1976年3月,澳门再次正式举办赛马活动,澳门赛马获批专营权。澳门赛马会于1989年成立,建于氹仔填海区。澳门赛马会乃澳门现时最大私营机构之一,由赌王何鸿燊旗下集团持有。

赛马会马房有千余匹赛马,赛

道占地 45 万平方米。场内可容近 3 万名观众。澳门赛马会设备先进，管理人员来自世界各地，具有国际水平。场内设有空调看台和会员专用厢房，环境舒适。此外还可通过大荧幕或电视机观看赛事。场内设有中、西餐厅。澳门赛马会全年编跑赛事，赛季由每年 9 月份开始，至翌年 8 月底。每星期基本编有两天赛事，逢周五举行夜赛，而周六或周日编跑日赛。

E
澳门滋味
MACAU AS A GOURMET PARADISE

中西文化荟萃的澳门真是饕客们的天堂

　　从早上开始，扑鼻的香气便伴随着热气腾腾的烟雾从粥品店、点心店里飘溢出来，白粥伴着绿豆蓉肉粽或白滑晶润的猪肠粉，浓滑的咖啡奶茶再加焦黄的油多，这就是很多本地人一天的动力来源。

　　到了中午，典型的澳门式葡国菜开始大放异彩。巧手厨师烹调出来世上独一无二的澳门式葡国菜，享用之后，齿颊留香，回味无穷。游澳门，不亲自尝尝葡国风味菜，就不算真正来过澳门。

　　与此相映成趣的是，在澳门河边新街一带还有大排档，完全是另一番风味。这些大排档中不少都临马路边露天而设，且大多营业至深夜，很多本地人来这里品味，旨在新鲜热闹，价格也能接受，把酒谈天，尽兴之后才离去。

　　区域分布上，澳门本岛的美食主要集中在三盏灯区域，及新马路、议事亭前地、大三巴一带区域。氹仔则以老城区的海鲜、传统小吃最有名，集中在氹仔食街——官也街上。路环则有美味的黑沙滩烧烤和葡挞的创始人安德鲁先生的老饼店。

　　跟着澳门轻松的生活节奏，尝尝中葡"混血儿"西餐、新鲜的鱼虾蟹、风味小吃，还有什么比这种闲情逸致更令人惬意的呢？

澳门集聚世界各地的
美食小吃

去澳门吃经典的葡国菜

如果去澳门，一定要尝尝这里地道的葡国菜。

澳门葡国菜是兼收并蓄了葡国、印度、马来西亚及中国粤菜的烹饪技术，对传统的葡国菜进行改良、取长补短，其中用了不少非洲、印度的香料。不少"操刀大厨"还是土生葡人。值得一提的是"澳门土生葡人美食烹饪技艺"于2012年还被列入澳门非物质文化遗产名录，可见在澳本土化后的葡国菜是多么受到本地人的重视。

葡国鸡是澳门最具代表的土生葡国菜之一，它是将整鸡、马铃薯、洋葱、鸡蛋和番红花，配以咖喱制作而成。其香味浓郁，鸡肉鲜嫩可口，咖喱只有香味并没有多少辣味，所以不吃辣的人也完全没问题。这道中葡合璧的地道美食——葡国鸡，保证让你一试难忘。

马介休是葡国人喜欢吃的一种鳕鱼干，由于马介休非常咸，可以用于炒兼调味。全鱼肉的"马介休球"制作起来相当复杂：先将鱼干浸泡一段时间，让口味淡化之后切片，搅拌成鱼浆，然后再和洋葱、香菜、蛋黄、胡椒、马铃薯等一起煮熟搅匀，捏成丸子，煎炸而成。

丰富的葡式大餐让人垂涎

马介休球

美味驿站

1. 小飞象葡国餐厅
   地址：氹仔地堡街喜来登广场地下A铺连一楼全层
2. 木偶葡国餐厅
   地址：氹仔旧城区消防局前地38号
3. 公鸡葡国餐厅
   地址：氹仔旧城区官也街45号睇下宋玉生广场（皇朝）伦斯泰特大马路帝景苑AF-AG铺
4. 美嚼葡国餐厅
   地址：新口岸马德里街73号环宇豪庭AR铺地
5. 澳门陆军俱乐部
   地址：新口岸南湾街73号地下和阁楼
6. 海湾餐厅
   地址：澳门河边新街261号A地下
7. 金爵餐厅
   地址：宋玉生广场（皇朝）伦斯泰特大马路166～170号光辉苑AM-AN铺
8. 蕃茄屋葡式美食
   地址：新马路史山斜巷4号
9. 船屋葡国餐厅
   地址：下环河边新街289号
10. 妈阁长城烧烤
    地址：下环妈阁万里长城17-19号地下

各国美食

日本菜

1. 鮨味亭日本料理
   地址：新桥（三盏灯／白鸽巢）贾伯乐提督街62号实诚大厦地下
2. 和花亭寿司
   地址：宋玉生广场（皇朝）渔人码头开普敦日本北海道食品馆地下
3. 骑师日本料理
   地址：氹仔旧城区机马拉斯大马路至尊花城地下D铺

意大利菜

1. 笑面府
   地址：沙梨头林茂塘海边马路信涛湾地下A-B铺
2. 澳图意式风味料理
   地址：宋玉生广场（皇朝）马德里街73号环宇豪庭AD-AC铺地下
3. 奥罗拉
   地址：氹仔旧城区广东大马路新濠峰酒店10楼

韩国菜

韩国馆
地址：宋玉生广场（皇朝）布鲁塞尔街100号建兴龙广场地下AA座

明家韩国料理
地址：花城区奥林匹克大马路263-267花城牡丹花园商铺地下T

宫韩国传统宫廷料理
地址：新口岸柏林街112号

泰国菜

厨泰餐厅
地址：新口岸友谊大马路渔人码头阿姆斯特丹馆3号铺

暹罗象泰国菜
地址：沙梨头爹美刁施拿地大马路95号22A码头1楼（即沙栏仔加油站背后）

蕉叶屋
地址：氹仔旧城区飞能便度街657～677号华辉苑地下A铺

Reason 67

逛人气最高的平民美食街——官也街

都说香港的美味形色出众,其实澳门的美味也另有一种姿态,它有着东方市井的亲切和殖民地时代西方世界的矜持优雅。

官也街是昔日葡人聚居地,今日已成著名食街。在窄巷间放眼望去,鳞次栉比的招牌让人眼花缭乱。虽然现在的官也街游人如织,但并未沦为商业招牌,除了几家澳门无处不见的连锁手信食品店之外,这里的店铺大都个性十足,坚持手工制作,口味不变,而且独此一家。比如,莫义记大菜糕和天娜饼店的榴莲雪糕;满街飘香的姜糖店,现场熬制,欢迎品尝;还有一家馨发豆花店,门口立着一个牌子,写着:"忘却威记情与恨,犹记馨发豆腐花。"于是,一杯散发姜香的豆花,温暖了多少昨夜在"威记"心碎的人。

你把整条街逛一遍、吃一遍,就要整整一下午了。

美味驿站

1. 莫义记大菜糕
地址:氹仔官也街9号A
2. 鉅记
地址:氹仔官也街11～13号地下铺

1. 三五知己找家官也街一带的酒吧谈天说地
2. 手工姜糖是澳门的手信之一
3. 游客最喜欢帮衬一些老牌手信店铺
4. 官也街常常人流如鲫,十分热闹
5. 琳琅满目的澳门手信小食
6. 本地年轻人开的创意店铺吸引不少游客入内参观和消费
7. 精美而富有本土特色的澳门饰品十分受女生青睐

在 300 多年的古堡里喝下午茶

如果你已经去过澳门多次，既参观过大三巴，又领略过赌场，那么，挑一个晴朗的下午，去圣地牙哥古堡酒店喝下午茶吧！

从熙熙攘攘香烟袅袅的妈阁庙转出来走不远到西湾湖民国大马路，白色的圣地牙哥古堡酒店完全是另一番清新的气息。这是澳门最小最有特色的五星级酒店，只有24间套房，其前身是17世纪一座古老的碉堡。推门而进，是蜿蜒而上的石阶和在岩壁上挖出来的拱形门洞，仿佛走进中世纪的古老城堡。

圣地牙哥的下午茶套餐很丰富，点心有很多种，只点一杯咖啡，就着点心，就可以在午后享受古堡的神秘、浪漫气息。周围一片寂静，似乎能让时间停留在永恒，你会不自觉地发短信告诉自己最想念的人：我在一家300多年的古堡里饮下午茶，可惜少了你。不过目前该酒店暂停营业，待轻轨工程完成后才有望复开。

一个浪漫的古堡下午茶就成为了你到澳门的理由。

圣地牙哥古堡酒店建于1629年

圣地牙哥古堡环境优美宜人

美味驿站

1. 圣地牙哥古堡酒店—LaPaloma 芭朗玛餐厅
地址：澳门西湾湖民国大马路

2. 星际酒店—品味坊
地址：新口岸友谊大马路星际酒店 16 楼

3. 葡京酒店—新孤立日本料理
地址：南湾葡京路 2~4 号葡京酒店东翼 2 楼

4. 美高梅—宝雅座法国餐厅
地址：宋玉生广场（皇朝）外港填海区孙逸仙大马路美高美金殿天幕广场法国小区内

5. 永利酒店—永利轩
地址：宋玉生广场（皇朝）外港填海区仙德丽街永利澳门酒店地面层

6. 澳门威尼斯人度假村酒店—巴西扒房
地址：路氹城金光大道望德圣母湾大马路澳门威尼斯人渡假村酒店大运河购物中心 2412 号铺

1. 有 300 多年历史的圣地牙哥古堡酒店
2. 圣地牙哥炮台是澳门昔日军事防御系统的一部分
3. 如同时光隧道般的洞穴长廊

69 Reason
秋高气爽到黑沙滩烧烤

澳门最好吃的烧烤在黑沙滩,尤其是在秋天。黑沙滩最好吃的烧烤就是"肥佬烧烤"。黑沙滩的边上从街头至街尾一共有三档"肥佬烧烤",最赞的是街头挂有《皆大欢喜》剧照的这家。在这里可尝尝烧猪颈肉,厚薄有致、不肥不腻,还有鸡翼和鱿鱼也是必尝之物,配以当地的冰冻樽装可乐,口感一流!

三五好友围坐在一起边烤边吃,有说有笑,还有柔软顺滑的细沙抚摸着你的脚底,浪花亲吻着你的脚丫,似乎忘记了年龄,拾回儿时的快乐。顺便想办法去探讨一下黑沙海滩神秘的面纱。是什么造就了它的黝黑,什么成全了它的独特?是黑色次生矿海绿石所致!受海流影响的"海绿石"被搬运至近岸,再经风浪携带到海滩,使原来洁白明净的沙滩,变成迷人神秘的黑沙滩,与附近苍翠茂密的松林遥相呼应,形成独特的风景。"黑沙踏浪",不愧是澳门八景之一。

好友、美食、海景、海风,夫复何求。

黑沙滩一带的肥佬烧烤远近驰名

美味驿站

肥佬烧烤
地址:路环黑沙滩

爱上浓郁的葡式蛋挞

"没吃葡挞就不算来过澳门",原来风靡一时、并由肯德基发扬光大的葡挞,其实来源于澳门。

澳门有两家最有名的蛋挞店,安德鲁饼店和玛嘉烈蛋挞店。因为肯德基,让本来就有名的玛嘉烈更是声名大噪,而实际上安德鲁才是葡式蛋挞的创始人。原来,安德鲁先生和玛嘉烈女士本是一对夫妻,蛋挞做得美美的,后来夫妻离婚,玛嘉烈女士另在澳门本岛开了玛嘉烈蛋挞店与前夫PK。有段时间关于他们的八卦传闻屡见不鲜,一度比葡挞还来得有名。

不管八卦如何,这两家的蛋挞味道确实一流,它的饼皮酥化无比、蛋味香浓,只让人恨自己的肚子不够争气,不能多塞下几个。玛嘉烈蛋挞的经营手法似乎赢得了更多女性消费者的青睐。在巷弄一角摆出一个露天咖啡座,阳光偶尔从两旁的大楼空隙间溜了进来,蛋挞的酥香与咖啡的醇厚,激荡出一段最有澳门气息的旅程。

位于澳门半岛的玛嘉烈蛋挞店常大排长龙

美味驿站

1. 安德鲁饼店
地址:澳门路环市中心沙1号地下

2. 玛嘉烈蛋挞店
地址:约翰四世大马路内

装饰新颖有趣的酒吧很受年轻人欢迎

71 Reason

纵情一夏,热爱"兰桂坊"的平民夜生活

在澳门新口岸的宋玉生广场,沿海的大道旁布满了各式的酒吧,白天清静,夜晚则十分热闹,形成一条名副其实的酒吧街,当地人借用了香港酒吧街的名称,称之为澳门"兰桂坊"。

在这些酒吧中,可以远远望到灯火通明的友谊大桥和澳氹大桥。与内地一些酒吧老板煞费苦心地搜集、刻意在酒吧里摆放着世界名酒空瓶的做法不同,这里摆放的全部是真货,晶莹剔透的酒液反射着淡雅的清辉,让人为之心动。

酒吧里还常常穿插着歌手表演，表演者大多是生活在澳门的葡萄牙人，抑或是土生葡人和菲律宾歌手。他们演唱着具有浪漫主义情调的西文歌曲，或是有拉丁风格的节奏感很强的歌。一些土生葡人歌手不仅歌唱得好，而且唱完后还会坐到酒客中，一边饮啤酒，一边用粤语与客人亲热交谈。这种中西相融、华洋共处的情景，恐怕也只有在澳门才能欣赏得到。

澳门的夜生活很丰富，一些当地的年轻人会选择在酒吧驻唱

寻一杯地道的瓦煲咖啡

去过澳门的人或许都有过这样的体验,排队等候新鲜出炉的猪扒包,再配一杯香浓的用瓦煲煮成的咖啡,这是澳门人无比享受的下午茶,也是来到澳门的旅客们不可错失的美食。这条队伍,已经成为澳门的风景线,而瓦煲咖啡,也变成地道澳门美食的象征。

瓦煲咖啡,就是用瓦煲煮出来的咖啡。你一定会奇怪,瓦煲不是用来煲中药的吗,怎么连咖啡都可以用瓦煲来煮呢?而澳门人就告诉你,瓦煲咖啡别有一番风味,那是用时间和心意煮成的咖啡。用瓦煲来煮咖啡,能让咖啡受热更为均匀、全面,而且不容易煮焦。把咖啡粉倒进瓦煲中,兑水用火慢慢煮,让咖啡粉的香味在瓦煲中尽情地释放出来,煮出来的咖啡就更为香滑、浓郁。

澳门的胜记瓦煲咖啡,在煲咖啡的时候还特别放入了蛋壳,让咖啡更香滑,到澳门一定要尝尝!

用瓦煲煮咖啡奶茶是胜记的一大特色

美味驿站

胜记咖啡
营地街市熟食中心

1. 丰富的美食吸引很多老饕帮衬
2. 各种美食风味十足
3. 瓦煲煮出来的奶茶特别香浓幼滑

73 Reason

抢鲜品味大利来猪扒堡

猪扒堡好吃的关键在于所有环节都是纯手工操作，面包用老式柴炉烘制而成，猪扒亦用炭火，而且猪扒事先要用特殊的香料腌制、松过骨之后才能下油锅炸，这种传统的加工方式导致它的限量供应。

每日下午3时，这个时间成了大利来咖啡室雷打不动的一个鲜明标志。一到下午3时猪扒堡便新鲜出炉，平日限售500个，假日约800个，来晚的话就只能"望包兴叹"了。新鲜出炉的猪扒堡蒜香味扑鼻而来，咬一口，外香里嫩、软中带韧的面包加上焦滑的猪扒，还渗透着淡淡的牛油香味，这就是貌似平凡简单的"堡夹肉"中不平凡的地方啊！

大利来猪扒堡在澳门闻名十多年，不少游客宁愿排队等候一两个小时，也要尝尝这猪扒堡的独特滋味。

美味驿站

澳门大利来记咖啡室
地址：氹仔告利雅施利华街35号（海岛市政厅旁）

大利来记餐厅
地址：路氹城金光大道望德圣母湾大马路澳门威尼斯人度假村酒店大运河购物中心2楼

大利来小食外卖店
地址：新马路大三巴街25B号宏业大厦地下

74 Reason
尝一尝"左麟右李"都要帮衬的水蟹粥

水蟹粥是澳门的绝色小吃。有水平的水蟹粥是很讲究用料的，除了蟹要新鲜，还要有绵香的粥底。以水蟹粥闻名的澳门氹仔的诚昌饭店，就连红歌星谭咏麟、李克勤也慕名光顾，可见其好吃的程度。

刚出炉的水蟹粥一上桌，你就会被它那香喷喷的味道、黄澄澄的卖相而吸引，惹得口水直流。粥里全是真材实料的蟹黄、蟹肉，舀一匙放入口中，只觉得粥不稠不稀，充满蟹香。为什么水蟹会有蟹黄呢？原来，这里的水蟹粥不单只用水蟹，而是各取水蟹、膏蟹、肉蟹三种蟹的精华，再配上特制的蚝粥，丰富粥味的层次，使其较一般的水蟹粥好味。

澳门的蟹生长于咸淡水交界，蟹味鲜甜、肉质丰美爽口，一般的水蟹粥的粥底会用鲜鱼添味，但诚昌饭店坚持不用，是怕鱼骨鲠喉。水蟹粥里的蟹被斩得大大件的，这样就可防止蟹碎壳混入粥内，影响口感又不安全。就是这份细心，让各地的老饕慕名而来，而且一试就立即爱上，欲罢不能。

真材实料的水蟹粥惹味十足

诚昌饭店的水蟹粥深受游客喜爱

美味驿站
诚昌饭店
地址：氹仔官也街28～30号

礼记雪糕，让我缅怀一下童年

还记得小时候，拖着爸爸妈妈的手吃雪糕的感觉吗？长大后，拖着初恋的手吃雪糕的感觉，又记得吗？

想缅怀一下这些温馨的回忆，礼记雪糕是澳门必游之点。现代雪糕口味真多，低脂低糖低胆固醇应有尽有，偏偏传统手制雪糕早就难以看到。若想回忆过往美好时光，一尝20世纪60年代老味道，就要到澳门品尝这开了超过40年的礼记雪糕。礼记门面毫不起眼，但是要见到招牌上的雪糕漫过，你就知道找对了地方，虽没华丽的门面，但复古风味可一点也没少。推开玻璃门进去，店内似乎将20世纪60年代的时空凝结了，无论装修、桌椅、冰柜、餐具、雪糕包装……时间好像从来没有流走过。还好没将人冻结。

礼记雪糕是来澳游客必到之处

美味驿站

礼记雪糕
地址：荷兰园大马路12号地下

平、靓、正，名贵海鲜花样

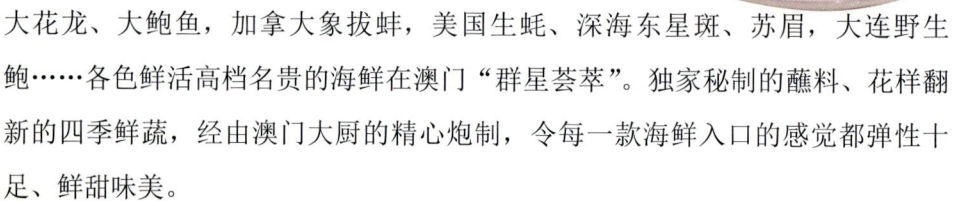

阿拉斯加帝王蟹，澳大利亚雪蟹、大花龙、大鲍鱼，加拿大象拔蚌，美国生蚝、深海东星斑、苏眉，大连野生鲍……各色鲜活高档名贵的海鲜在澳门"群星荟萃"。独家秘制的蘸料、花样翻新的四季鲜蔬，经由澳门大厨的精心炮制，令每一款海鲜入口的感觉都弹性十足、鲜甜味美。

新鲜的海鲜大餐让人欲罢不能

想试平价鱼翅,人人都会想起深受食客欢迎的添发碗仔翅。虽然价格比以前贵,这是有时甚至要排队等足1小时,才可享受花胶海参煲仔翅,但想起即叫即煲的碗仔翅中还在沸腾的大梳翅针,等多久都是值得的。添发碗仔翅的招牌是海参鱼肚煲仔翅,分量很足,一个人吃一煲要花20分钟。店主出身于鱼翅世家,为让普通人也可以品尝到鱼翅这种名贵的东西,便以街坊价去出售这种"正翅"。

美味驿站

添发碗仔翅
地址:福隆新街18号

1. 街市上各式各样的海产品
2~4. 美食惹人垂涎
5. 饭店外丰富的海鲜食材任君选择

77 Reason

心动，琳琅满目的葡国美酒

　　有人把"葡国"解释为"葡萄之国"，在澳门的餐厅或官方宴会，总有来自"葡萄之国"的美酒供客人搭配澳门土生菜、葡国菜，甚至广东菜。

　　在澳门的商厦店铺里，葡国的美酒往往都陈列在十分显眼的位置。葡国是著名的红、白餐酒生产国，由于澳门与葡国的特殊关系，葡国酒入口澳门的税率很低，酒类的价格比在葡国本土购买的还要低，算是全亚洲最便宜的了。能喝酒的人在澳门一定要"开怀畅饮"。

喜欢美酒的人来到澳门,就会对葡国美酒有所了解。比如说,餐酒中最著名的是青白酒,在气候炎热的澳门,这种略带果味的餐酒给人的感受清爽可口;白酒中比较有名的是碧加白酒,对于常吃生猛海鲜的人来说,喝些白酒也是必需的;而红酒的名品则很多,如宝兆酒、嘉利酒等。

到访澳门时,请别错过来自"葡萄之国"的美酒。

种类齐全的各式葡萄酒

在路环大排档一边吃海鲜大餐一边享受海边夜景乐趣多多

78 Reason

路环大排档，别样情致临海风

路环是澳门最远端的岛屿，在这最远端岛屿的最远端，与珠海横琴岛码头隔水相望，有一处旧式的渔村，环境气氛相当安详宁静。据说香港人非常喜欢这里，一些影视剧也把这里作为外景，因为颇具怀旧气息。

走过一条幽静弯曲的老街，那里有座小教堂，教堂前一片小小的广场。广场两边老榕树下有两排大排档，附近水边也有些餐馆。大排档的海鲜与家常粤菜，价码都相当便宜。喜欢安静的人，在这里喝杯啤酒，吹吹海风，别有情致。

"大声公凉茶" 爽心悦肺好大声

走在澳门的大街小巷，常在不经意间就看见一家家凉茶铺，那古色古香的招牌，锃光瓦亮的铜茶壶，带着淡淡药味的茶香，别有韵味。

约70年前，澳门凉茶以当时在炉石塘街的"大有益凉茶"和清平直街的"显记凉茶店"最负盛名。至今"大声公凉茶"成了硕果仅存的老字号。

过去，澳门的凉茶铺卖凉茶用大碗，上面盖上一块比碗口大的圆形玻璃。玻璃内充满了蒸汽水点，意味着这碗凉茶很新鲜。现在则多是即斟即饮。如今只有澳门博物馆保留了当年凉茶业的传统形象：一辆四轮小车上，高挂一盏玻璃罩灯，车厢内装两个大茶煲，车架前方分门别类地摆放着茶杯、茶台架及各类"送口凉果"；一位身着短衫短裤的"老伯"正挥勺盛茶。摁下试听键，还能听到老人苍凉亲切的吆喝叫卖声："百草凉茶，真料菊花金银花凉茶，凉——茶……"令人回味。

美味驿站
大声公凉茶
地址：卖草地街1号地铺

大声公凉茶是澳门的老字号店铺，凉茶用料足又新鲜

叹尽"三盏灯" 玩转东南亚美食嘉年华

澳门的"嘉路米耶圆形地"有一支三个灯泡的灯柱,故被称为"三盏灯"。"三盏灯"是澳门人最喜爱的饮食街之一,由于不少缅甸华侨聚居于此,并开设餐馆,所以这里亦是品尝正宗缅甸佳肴的最佳地方。

连接广场的飞能便度街更是缅甸餐馆的集中地,于1978年开业的雅馨缅甸餐厅,是其中一间必吃老店。餐厅的招牌菜有两款——鱼汤粉和缅甸捞面。鱼汤粉的汤底是用塘虱熬成,再将鱼肉磨蓉混入汤粉之中,味道清甜,河粉口感爽滑,再配上香脆的马豆饼,整体感觉非常地

三盏灯冯记猪脚姜鲜嫩入味,十分诱人

道。而缅甸捞面是在传统的面条上撒满花生碎、蒜蓉、虾米粉等十多种配料，捞匀后味道酸酸香香，十分开胃。

每逢东南亚美食嘉年华在三盏灯圆形地举行，这一带就摇身变成步行区，多个香喷喷的美食摊档令人胃口大开，饱餐之余更可以欣赏到极具浓厚东南亚风情的特色表演。

美味驿站

雅馨缅甸餐厅
地址：飞能便度街27号地下

1. 三盏灯附近随处可见东南亚餐厅
2. 澳门有很多东南亚人开的餐厅风味十足
3. 浓郁的椰汁咖喱鸡面是缅甸的美食

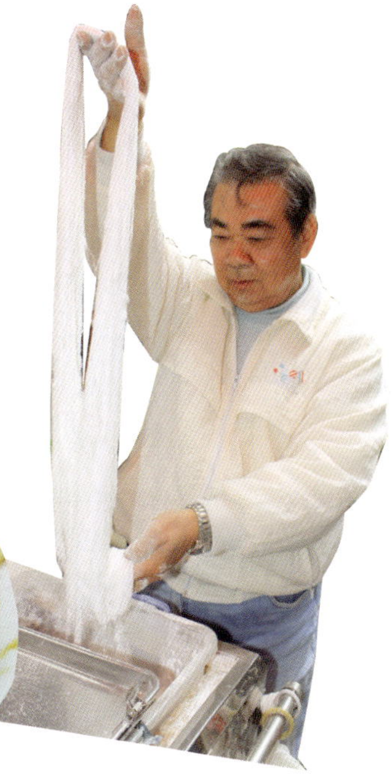

81 Reason

夏日乐 Fun，物美价廉品靓果

澳门的进口水果物美价廉，值得品尝

澳门是不产水果的"水果王国"，它的水果全部依赖内地和国外进口，尤以国外水果最多，大约占水果进口量的60%～70%。世界50多种主要水果，有40多种在澳门出售，著名的有美国的蛇果、泰国的榴莲、澳大利亚的啤梨、智利的黑提子、日本的水晶梨等。这些进口水果不仅质量上乘，而且价格比内地还便宜。

澳门人对水果的喜爱，还延续到用鲜榨果汁混合果肉的水果捞上。在澳门逛街，随处可见人手一杯色彩缤纷的鲜果捞。礼记是食客眼中水果捞的最佳购买地。酸甜相宜的水果组合，搭配鲜果果汁，清爽可口，营养丰富，是炎炎夏天里必不可少的饮品。店内最畅销的是芒果汁什果，就是一杯满满的什锦水果丁，有奇异果、芒果、西瓜、草莓、哈蜜瓜等各式水果丁，再灌入现打的黄澄澄的芒果汁，口感鲜浓清新。

澳门人有很好的吃水果习惯。澳门的小学设立有"水果FUN享日"，这一天澳门的小学生都要带水果回校，并观看和参与相关的互动活动，这一天的主要活动就是让学生在学校里吃水果，目的是使学生不仅享受吃水果的乐趣，还能认识到吃水果的益处，养成每日吃水果的习惯。

下次来澳门记得别忘了尝尝这里滋味缤纷的水果哦！

色彩缤纷，清爽可口的水果船，令人垂涎

祥记猪油捞面，蔡澜念念不忘的美味

祥记小到不能再小，全部工作人员也就是祖孙三代一家人，但却是蔡澜每次来澳门都必吃的馆子，甚至还带着电视摄制队大清早来拍门。

是什么这样吸引蔡澜？

答案是：猪油虾子捞面。

香港的美食家们都有一个共同的爱好——吃猪油，其实在我们小时候吃猪油也是司空见惯的事情，但在与国际健康时尚接轨的今天，猪油已经逐渐从人们的餐桌上消失了。

祥记面家不仅保留了猪油虾子捞面，而且像日本的"名匠世家"一样几乎世袭了做面条这一行当，不开分店是怕忙不过来要请外人——毕竟只有自己的家业才会如此去爱惜和维护！

美味驿站
祥记面家
地址：福隆新街68号

祥记的猪油虾仔捞面鲜香味，吸引一大批食客慕名而来

"印度滋味"异国风情

印度的饮食文化很复杂,每个地方的人饮食文化和口味都不同,南方人的口味重,多喜欢辣和油炸的食物,主要以米饭来搭配咖喱;北方人喜欢清淡一点的口味,会以薄饼搭配咖喱。

到新口岸观音像对面的"印度滋味"吃一遭红咖喱,才知道以前国内碰到的咖喱太温情脉脉了,难怪旁边的大叔只用豆饼蘸着吃。

这家餐厅是非常地道的印度餐厅。老板娘早年到印度旅行,爱上了印度菜,并带回澳门,还聘请了印度厨师,精心研制香料,菜品选料也大多从印度运来,保证"原汁原味"。

这种小店常有惊人之喜,比如说菠菜饼在国内就很少吃到,不知它们来到澳门又是怎样一番故事。

咖喱鸡是这家餐厅的特色菜之一

印度滋味出品地道印度菜

美味驿站
印度滋味
地址:新口岸孙逸仙大马路渔人码头内

尽情试吃，从街头尝到街尾

福隆新街有迄今为止保存最完整的中国青楼建筑群，曾是澳门最繁盛的商业中心之一，风花雪月，纸醉金迷。如今，这里是澳门传统的商业旅游区，汇聚着大批老字号酒家食肆以及手信店。短短几十米距离，小路交叉，布满了卖猪肉干、凤凰卷的小店。很多阿姨站在门口，一手持剪刀，一手持肉干，不由分说地递过来："试一试吧！"转上几圈，光是试吃就已经饱了。

在澳门的官也街闲逛，店家也同样会主动招呼你试吃杏仁饼、肉干、纽结糖……店里几乎所有的特产你都可以免费品尝。面对径直递上前来的肉干和新鲜出炉的杏仁饼，你反而会不好意思拒绝。

各种各样美味的小食可供游客随意试吃

澳门人生活压力相对较轻，也相信"小财不出大财不进"营商理念，更对自家用料十足的产品信心百倍，倘你愿意试吃，他们就会热忱地给你张罗和介绍。所以，你若高兴的话，可以从街头吃到街尾，还能节约不少饭钱呢。

大三巴的手信街常常人流如鲫

商铺各种出奇招吸引人流入店消费

85 Reason

小手信，大心意，好吃带回家

手工杏仁饼看得见的真材实料

澳门的生活节奏较之香港要缓慢得多，令澳门人对美食有了坚持。葡国菜，自然是初到澳门的游人的必然选择，但令游客更感兴趣的却是那些在外地也不易觅见的传统食品。杏仁饼、牛肉干、猪油糕、光酥饼、姜糖、花生糖……澳门人将这些既是零食也是礼物的东西，统称为"手信"。

除了几乎每日都挤满游客，被当地人俗称为"手信街"的大三巴街一带外，在清平直街与福隆新街这两条呈十字形的小马路上，密密麻麻开着数十家"手信"商店。或大或小的铺面上，摆满了特色食品，从盒装的杏仁饼、散装的牛肉干，到放在玻璃罐里按斤两秤的话梅、柠檬、八珍果等应有尽有。与在大三巴街购物像打仗一般激烈不同，游客游走于这条街上的各店铺间，通常能悠闲地提着大包小包，满载而归。氹仔市区，特别是官也街一带，也是游客拾掇"手信"的必经之地。

在澳门上百个"手信"品牌中，钜记与咀香园是最大的两个品牌。咀香园是老字号，而钜记则是靠推车仔卖花生糖及姜糖起家的。澳门人对传统食品的制作有着一种近乎固执的匠人态度，不少美食都是即做即卖，全以人手加工而成，可谓"吃得出人情味"，那人那情那景，仿佛记忆中只有小时候才见过。

位于澳门十月初五街的十月初五饼家店铺

美味驿站

1. 钜记
地址：
新马路福隆新街 70～72 号地下铺
新马路清平街 2B～2C 号地下铺
新马路清平直街 15～15A 号地下铺
大三巴街 24A～24B 地下铺
大三巴街 23AA～23AB 地下铺
大三巴街 20A 地下铺
氹仔官也街 11～13 号地下铺

2. 咀香园
地址：
新马路 209 号
氹仔地保街嘉业阁 A-D 铺
清平街 1 号
新口岸高美士街 56 号南园大厦地下
澳门大三巴右街 1 号 AB
关闸广场海南花园二期 76 号地下
新八佰伴百货 7 楼
澳门大三巴街 28 号 E

3. 香记肉干
地址：
清平直街 6 号

4. 老牌车厘哥夫纽结糖
地址：
氹仔地堡街 315、319 号泉福新村 EF 铺
氹仔官也街 9 号 C
氹仔告利雅施利华街 171 号
福隆新街 30 号

F
购物天堂
MACAU AS A SHOPPING PARADISE

F 购物天堂

关于原味澳门的追寻，原本以为只定格在铺着碎石的狭长街道、地中海风味的蓝白瓷片和赭黄色粉墙，当然还有空气中飘荡着的花生糖与杏仁饼的混合香气……却发现沉浸在这样的一种味道中，太适合一边散步，一边淘宝。

据说在澳门能享受到亚太区内最佳的购物乐趣，澳门的节奏要比香港慢很多，所以购物时少了些"厮杀"的躁动，多了份散心的乐趣。而这份好心情从到议事亭前地就开始了。

在澳门本岛，以板樟堂和议事亭前地为购物区代表，这里是澳门的中心，历史悠久，附近有一座全澳门最现代化的市政街市，周围小摊位林立，给人的感觉有点像香港的铜锣湾。名牌衣服、年轻品牌、鞋店、化妆品公司等应有尽有。在大部分小商店，讨价还价极为常见。

另有几个购物热区，如荷兰园大马路、高士德大马路、三盏灯区域都很热闹；更有新八佰伴、金光大道金光名店区、永利名店街、壹号广场名店区、信达城、新马路手信区、幸运阁计算机商城等著名购物场所，等着您去尽情淘宝。

澳门是一个自由港，奉行低税率政策，澳门的币值也较稳定，所以去澳门购物寻宝的最大乐趣是能享受到亚太区内最佳的购物乐趣，因为这里的商品不仅种类繁多，而且也比邻近的香港便宜。

澳门的商品不仅定价合理，淳朴的澳门商人也会公平地对待来自世界各地的客人。金饰、化妆品、服装、古玩、电子产品等各种产品应有尽有，更经常有折扣和优惠活动，处处充满惊喜。从昂贵的国际名牌到廉价的街头小店，琳琅满目、物美价廉的商品一定会让你流连忘返。

86 Reason

"海啸式扫货",名牌服装、化妆品和香水诱惑

饶有趣味的橱窗装饰是吸引顾客的方式之一

本澳消费者流行海啸式讲价

如今去澳门,会发现两个截然不同的澳门,一个属于以威尼斯人、四季酒店等名店以及世界顶级名牌构筑而成的大牌Macau,一个是极赋怀旧气息与平民气质的市井Macau,林立的精致小店让你惊喜连连。

名牌服装、进口化妆品和香水是澳门购物的亮点。

一般除了世界各大品牌专营店和酒店的商场外,大商场超市都有得买。至于年尾在澳门购物,最值得的也是买打折的服装和饰品。位于新口岸友谊大马路的置地广场和临近英皇娱乐酒店附近的新八佰伴百货公司内有多家高级时装店,出售世界名牌服装及衬饰。在南湾花园附近、殷皇子大马路以及新马路上也汇集了一些名牌商店。另外,酒店的商场,例如澳门的新葡京酒店、美高梅酒店以及氹仔的金光名店区、壹号广场名店区、新濠天地酒店等,也都是名牌汇聚的地方。除了名牌时装和衬饰外,

在这些商店也可买到免税的香水和化妆品等。

如果你是超级"腐女",在珠海过关后,坐上开往酒店的免费旅游巴士,20分钟就可抵达威尼斯人以及路氹金光大道的四季名店。整个名店城仿佛一个名牌博物馆,虽然有点"养在深闺无人识"的冷清,但佳丽们似乎都在养精蓄锐,准备迎接节假日的血拼大战。

琳琅满目的化妆品

87 Reason

珠光宝气，金光闪闪带回家

澳门的各种玉器、金器和水晶品牌店物美价廉

不同等级的金饰在澳门皆可买到，由于免税，所以价格相宜。也有大量珍珠和半宝石（水晶、海蓝宝、松石等）出售。商品的选择视你的出价而定。街道旁还有不少摊贩出售新玉和古玉、珍珠和其他半宝石。当然，在大三巴、关闸及主教山附近出售纪念品的摊位上是不会买到真正的珠宝的。如果想购买贵重的首饰，请光顾有信誉或有"诚信店"优质标志的商店。

在葡京酒店、新马路及高士德大马路附近，有很多信誉比较好的珠宝店。在大三巴、关闸及主教山附近售卖纪念品的摊位上可以买到一些仿真的珠宝，式样和价格都不错。不过大家得注意，购买贵重的首饰一定要到信誉好的商店。尤其是购买高价商品时，最好多比较几家商店，不要忘记索取保证卡，还要保存好收据，否则遇到不良商家，小心投诉无门。

"草根"乐趣，在文创聚集区流连忘返

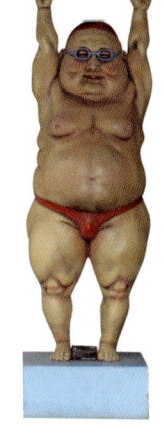

饱尝了澳门名牌名店带给你的视觉和触觉上的冲击，走入澳门的市集和小巷，能够找到另一番购物的乐趣。

"穷游"澳门，买一些物美价廉的好东西，那一定得来高士德大马路两旁的小街。嘉路米耶圆形地是这一带购物区的起点，本地人称之为"三盏灯"。购物区沿亚利鸦架延伸，覆盖附近数条街道，大部分的商店集中在道咩卑利士街。

三盏灯区遍布各式小店铺和小摊位，经营的商品种类繁多，而且价钱相当便宜。最值得一提的是店铺本身就是一种风景，湖绿色的门脸儿，手写的店铺大号，每一个角落都是不加任何修饰的文艺片布景。而不少手工艺品更是充满巧思，就连小小的修车铺里也藏着惊喜，扳子、钳子组装在一起就能弄出个"天下无双"的机器人来，难道这是"变形金刚"的澳门兄弟？

近年来，澳门文创产业发展迅速，一些新奇特色的"澳门创造"产品，如雨后春笋般出现。专卖店铺更是遍布全澳，不论是去官也街的澳门佳作、望德堂区的特色小铺，或者是其他沿街偶遇的小店，选购一些澳门特色的文创产品回家，已成为感受澳门文化、回味澳门旅途记忆的又一选择。

澳门本地新奇有趣的店铺

位于官也街的文创小店，出品"澳门佳作"

望德堂区布满各式各样的特色建筑,是文艺青年来澳必游之地

Reason 89

以"艺术"之名,逛逛画廊、书店、古玩城

窗外是澳门最热闹的街道之一,室内外静闹两重天

澳门拥有不少本地和来自不同国家的画家,他们的作品经常在本地的画廊展出。画展一般由民政总署、文化局、东方基金会等政府部门或社团机构主办,而主要的展览场地包括卢廉若公园内的春草堂、葡文书局、文化广场、千禧画廊、陆军俱乐部以及综艺馆等,展出的作品通常可供购买。本地的报章会刊登画展的消息。传统的中国画在中国工艺品店有售,新马路民政总署附近的一家工艺品店内有不同种类的中国画供选购。如果对古画有兴趣,可到花王堂街的商店逛一逛。

说到书店,要强力推荐"边度有书"。"边度"除了有书之外,二楼还有"边度有音乐",店内有相关音乐、设计书籍出售,港台、内地版的文艺读品、唱片都可以找到,不愧为地标性的文艺场所,而书店里靠窗位置的藤沙发、咖

边度有音乐可以淘到很多小众好听的音乐CD　　　　　　专注阅读的市民

啡机以及用作装饰的旧电视机，也能看出主人的独特品位。

如果你还想淘到更多的书籍，相信葡文书店、星光书店、澳门文化广场一定不会让你失望。各位金庸迷一定不要错过在文化会馆二楼的金庸图书馆，馆内有各种中外文版本的金庸武侠名著，还有最早发行的金庸小说单行本。遗憾的是由于边度有书和文化会馆都位于人流较多的旅游区，受租金影响，两家具有文化影响力的店铺也不得不做出改变。前者被迫搬迁新址：澳门连胜街47号地下；后者已于2014年结业。

不要以为购买和收藏古董都是一些长者的爱好，在大三巴街、卖草地街、花王堂街、果栏街烂鬼楼等地有不少出售古玩真品和仿真精品的商店也聚集了很多的年轻人，这里的店面古色古香，很有味道。爱收集古董的游客可以在这里淘上半天，对于那些"环球淘家私"买家来说，这里绝对是"潮"胜地：整条街上有十多间不同的家具店及古董店，由花梨木制成的仿古木柜、橱柜、首饰盒等生活品随处可见，款式与做工绝对算得上一流。另外，也有一些古董店收藏了不少佳品如陶瓷玉器、古钱等古董，包括赫赫有名的"巨记"手信店旧物也藏身其中。就算不为来收集古董的你也可在这里逛一逛，会感受到历史的气息扑面而来。

1. 星光书店的图书种类十分丰富
2. 唐装文创产品
3. 印有澳门特色建筑物的纪念品
4. 星光书店是当地老牌书店
5. 富有特色的中式古典家居店铺

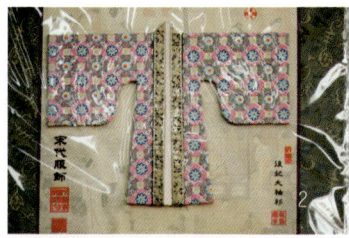

90 Reason

跳蚤市场，我们赶集去

澳门最受欢迎的跳蚤露天市场位于大三巴牌坊附近，离开热闹的旅游景点，沿大三巴街转往草堆街，再向下走至下一条窄巷，沿途经过一些古玩店、裁缝店及其他小店铺后，便到达一个岔口。由岔口开始，小贩将他们的货物摆放在由碎石子铺就的路面上。在这里，你可以找到各种陶器、小雕像、历史纪念品和其他古旧物品。

另一个露天市场在康公庙附近，位于十月初五街至海边新街之间，这一带是旧集市的中心。请准备一张地图，因为这一带比较难找，但又十分值得花点时间逛一逛。

另外，比较有名的夜市是永乐戏院旁边的莲溪市集。在莲溪庙前地和新挢球场，晚上有摊档和游戏摊位，现场还有粤曲演唱、舞狮表演、看相算命、卡拉OK等，相当热闹。

每周举办的氹仔市集十分热闹

澳门古董怀旧聚集地
——烂鬼楼巷

在大三巴附近,另一条有名的街就是烂鬼楼巷,它是古董收藏品的集中之地。烂鬼楼巷,是一条位于澳门半岛圣安多尼堂区西南边的街道,它的东北端由果栏街起,沿途与玫瑰里和太平里相交,它一座名为"兰桂楼"的建筑,因为被火灾烧至残破而被呼为"烂鬼楼"。如果到澳门旅游购物,烂鬼楼巷的旧料地摊,多为古董、字画等艺术品,货品档次比莲溪新庙的地摊较高。由于当时摆地摊的人多为等钱应急,故售卖的价格也非常便宜,吸引了不少人前来参观选购。烂鬼楼巷是古董店、杂架店和怀旧收藏店的集中地,吸引不少收藏家等前来搜罗。

烂鬼楼巷聚集很多老澳门人摆摊售卖旧货,或与亲友吃宵夜享受轻松一刻

药品护肤品成"手信",到澳门保养健身

　　澳门对药品和保养品有严格的监控机制,而且款式多样、物美价廉,吸引大量海内外的游客前来"抢货",成箱成袋地搬回家不足为奇。

　　尤其是海外品牌的产品,由于进口关税高、运输、市场营销费用贵等因素,导致内地价格令人咋舌,但同样的品牌,在澳门买比在内地更加划算,不少产品在澳门的售价已经比内地售价低,加上近年人民币贬值,就相当于又给产品打了"八折",算是"折上折"了。

　　除了一些进口的品牌外,港澳台及一些东南亚牌子的药油和保健品也颇受游客欢迎,皆因这些药品大多是"真材实料"制造,药效显著,深受游客喜爱,甚至还被当成"手信"赠予亲朋好友,实用、健康且体面,所以大多数围在药房前,一箱箱搬走药品的多为用过便爱上的熟客。

　　在澳门买保养品,不仅能买到性价比高的国际品牌,还能淘到不少便宜又好用的进口小牌子产品,一些在内地也能买到的产品,如沐浴乳、牙膏等。在澳门,价格居然也便宜一大截。

物美价廉的保养品和化妆品是女性游客的最爱

92 Reason

最 IN 的数码装备，做一个有理想的数码潮人

手机、计算机、数码相机、MP3/MP4 已经成为大学生"潮人"必不可缺的"四大件"，当然，个性十足的他们更愿意成为所有新产品的尝鲜者。

作为时尚的前沿阵地，澳门无论是电子产品，还是数码相机，都以"款式新、货色齐、价格平"吸引着无数国际买手前往，不少最新设计的电子产品，内地还没上市，澳门就已开始减价了。

澳门不少照相机器材行和所有的大型百货公司都出售最先进的电子产品、照相机及摄像机，其中有两家照相机器材行特别受游客的青睐：一家位于新马路民政总署附近，另一家位于高士德大马路的三盏灯附近。这两家商店均有各种款式的、最新的和质量上乘的产品供顾客选择，而且价钱比较便宜。一般来说，有一定规模的商店比较可靠，尤其是售后服务方面。购买时，切记索取保修单和收据。另外，品牌也很重要，因为你在一些小商店里买了你所不熟悉的牌子，以后出了毛病是无法维修的。

澳门的数码产品"款式新、货色齐、价格平"

个性定制，细细揣摩陶瓷的温柔表情

以澳门别称梳打埠命名的怀旧店铺

中国陶瓷，自古享誉环宇，无论造型、素质、格调和用途，均备受赞赏，曾是输往外国的主要商品。葡萄牙人来到澳门后，中国陶瓷的输出更进入新的历史阶段。中国生产出口和外国加工订造的"外销瓷"，不仅开始成为热门的产品，而且逐步形成了自己独特的风格，最后成为中国陶瓷新的品类。葡萄牙以至欧洲的陶瓷亦有运往澳门，或通过澳门输入中国各地。澳门成了陶瓷集散、出口的基地。

澳门的陶瓷工业曾拥有相当的规模，主要以批发和零售类的餐具、花瓶为主，这些陶瓷不但做工精细，而且价格相当的便宜。一些工厂甚至会应顾客要求订做花瓶，或在餐具上印上家族的标志，或根据顾客所提供的图

案订做餐具。如果你对陶瓷情有独钟，想以理想的价钱购买一些特别的瓷器，不妨去大三巴牌坊附近的商店看一看，那里有一些很特别的陶瓷。另外，在新马路一带的商店内，也有很多独一无二的瓷器。

各式各样的传统瓷器

悭得就悭，海味、香料、药材一网打尽

几乎全澳各区都有店铺出售海味、香料及药材。这些店铺业务兴旺，有不少本地顾客及游客光顾。

大规模的海味店一般都集中在新马路及高士德大马路等购物旺区，出售不同等级的鱼翅、冬菇、虾米、鲍鱼以及干瑶柱等。福隆新街一带的海味店林立，想要知道哪一家的东西最好，闻一闻所散发出的味道即可辨别。澳门本地出产的海味不多，货源大部分来自日本、韩国、泰国、中国内地和中国台湾地区等，来澳门的海味大部分经过处理，可以储存较长时间。

澳门市面售卖的香料种类亦繁多，包装精美，味道各异，普遍是袋装及樽装两种，主要来自中国内地和香港、泰国、马来西亚及缅甸等不同地

澳门的海味正宗实惠

区牌子。近年居民对东南亚美食喜爱程度日渐加深，不但东南亚美食店越开越多，亦带旺了澳门香料店铺的生意。

中药在澳门非常普及，95%的澳门人看过中医吃过中药，可以说中药在澳门有着非常深厚的群众基础。澳门居民一般都喜欢煲汤，只要在煲汤时加入少量如刺五加、薏仁等中药材，便可强身健体，提高免疫力，不必特意煮补品进补。在澳门著名的莲峰庙仁寿殿大堂正中高悬的一幅"百草备尝"横匾，是1876年全澳34间药材行所赠，中医中药业在澳门的兴盛由此可见一斑。

澳门不少海味也是进口货

杏和堂是澳门的老字号中药铺

位于高士德大马路的红街市大楼

G

住行无忧
CONVENIENT TRANSPORT AND ACCOMMODATION

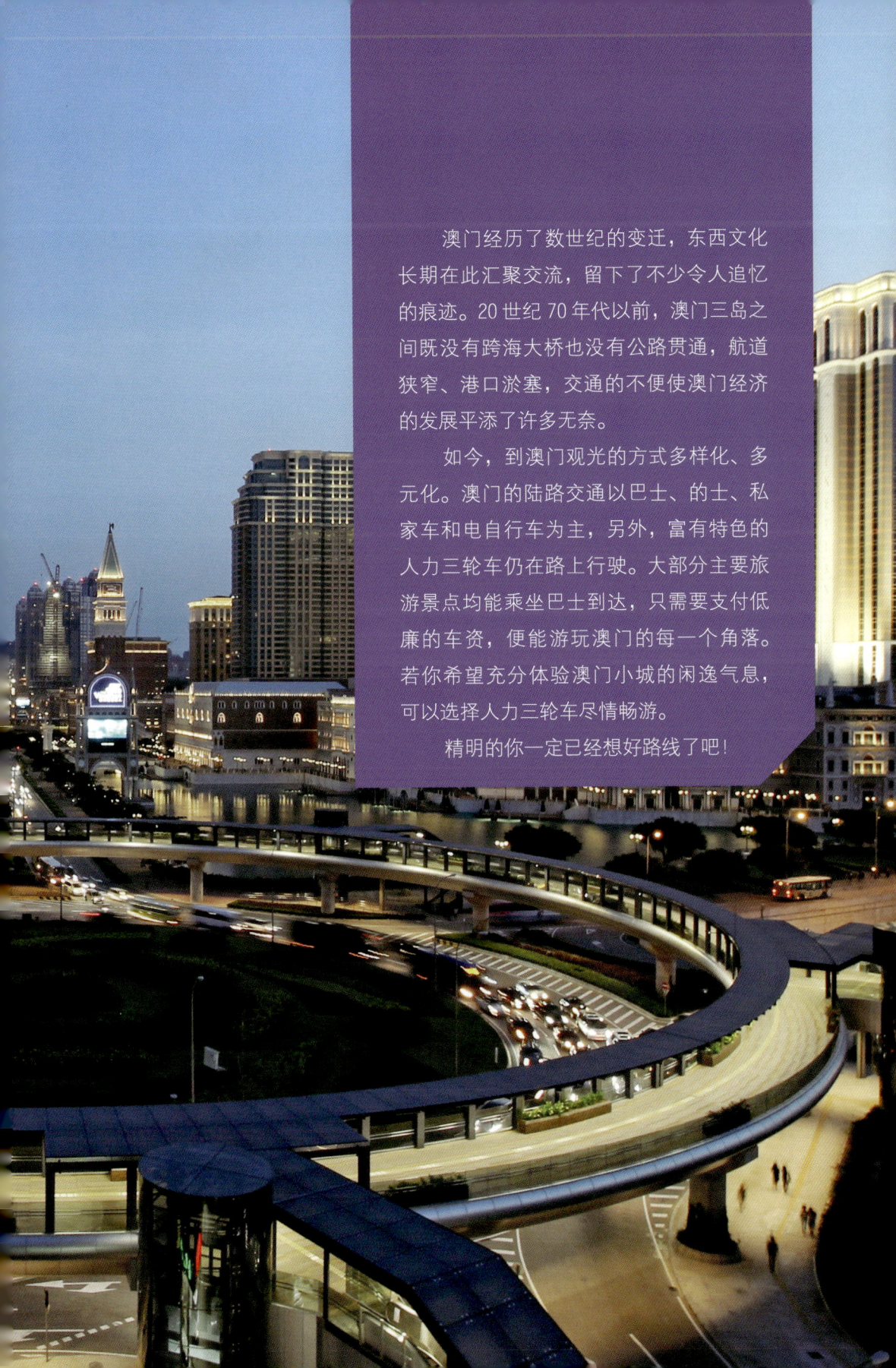

　　澳门经历了数世纪的变迁，东西文化长期在此汇聚交流，留下了不少令人追忆的痕迹。20世纪70年代以前，澳门三岛之间既没有跨海大桥也没有公路贯通，航道狭窄、港口淤塞，交通的不便使澳门经济的发展平添了许多无奈。

　　如今，到澳门观光的方式多样化、多元化。澳门的陆路交通以巴士、的士、私家车和电自行车为主，另外，富有特色的人力三轮车仍在路上行驶。大部分主要旅游景点均能乘坐巴士到达，只需要支付低廉的车资，便能游玩澳门的每一个角落。若你希望充分体验澳门小城的闲逸气息，可以选择人力三轮车尽情畅游。

　　精明的你一定已经想好路线了吧！

1. 氹仔正在兴建的城轨工程
2. 穿梭于友谊大桥中的飞翼船
3. 马路上的交通井然有序
4. 外港码头出入境大厅设有旅游咨询处
5. 松山缆车
6. 澳门人最喜欢使用的交通工具之一是电单车
7. 人流如鲫的大三巴手信街
8. 澳门沿坡道修建的街道
9. 由澳门外港码头开出的飞翼船

95
Reason

喜欢“过关”的感觉

澳门现设有七个关口，其中有六个关口供游客出入。有大家比较熟知的澳门关闸通向拱北口岸，来往珠海湾仔的是内港客运码头，俗称“莲花口岸”的路凼边检站来往珠海横琴，还有外港客运码头、北安客运码头和澳门国际机场，十分便捷。另外，在澳门各大娱乐场所外，还有往返部分关口的免费巴士，足以让你享受路路通的畅快旅行。

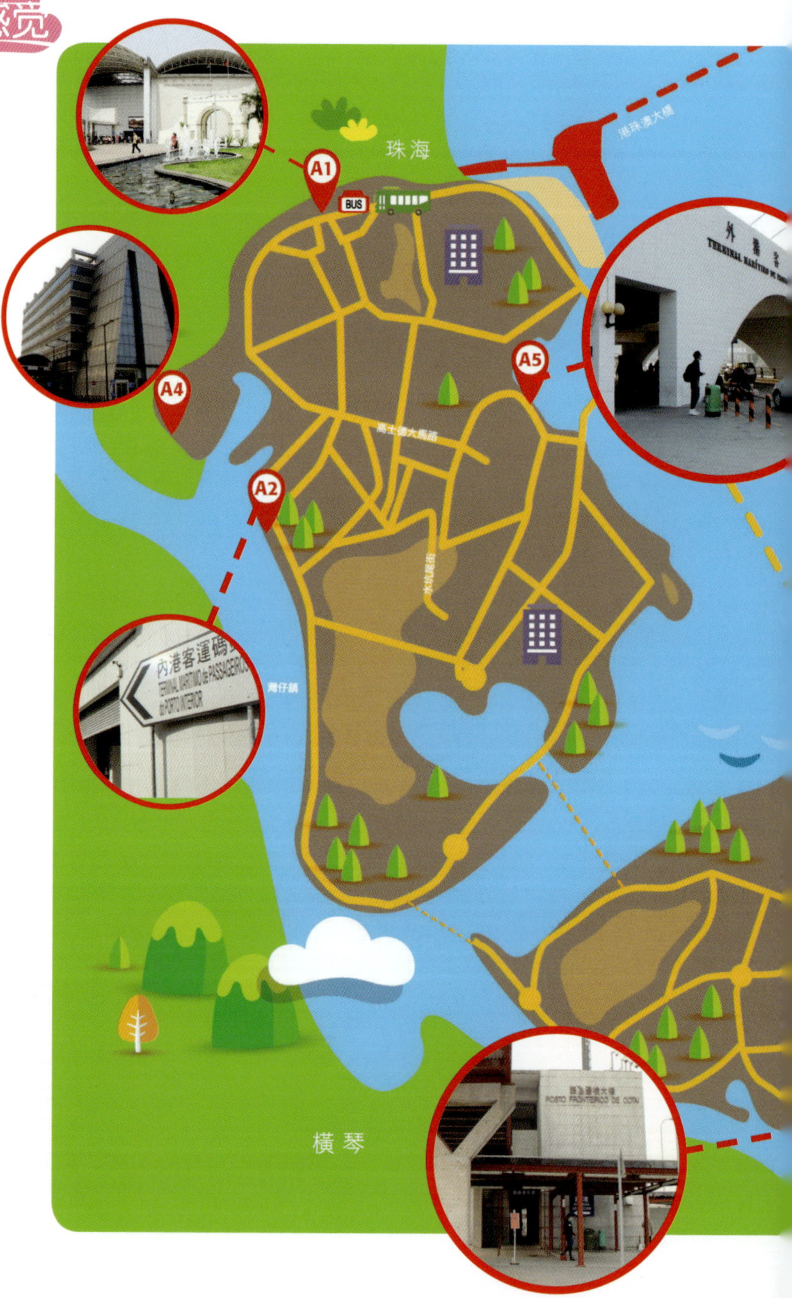

- Ⓐ1 澳门关闸边检站（来往珠海拱北）
- Ⓐ2 澳门内港客运码头（来往珠海湾仔）
- Ⓐ3 澳门路氹边检站（俗称莲花口岸）（来往珠海横琴）
- Ⓐ4 澳门跨境工业区口岸（来往珠海拱北）
- Ⓐ5 澳门外港客运码头（来往香港、深圳、广州）
- Ⓐ6 澳门北安临时客运码头（来往香港、深圳、江门）
- Ⓐ7 澳门国际机场

从珠海拱北关口到澳门过关一切都是免费的。一般下班时段和周末过关的人最多，排队1小时也很正常，如果人少的话排队15分钟就过去了，自助通关只有港澳居民及办理了自助通关手续的人可以过！

从澳门关口出来非常有感觉，仿佛来到一片新天地，很新奇。

96

Reason

全球第二个填海造陆的飞机场

澳门国际机场是继日本大阪关西机场之后，全球第二也是中国第一个完全由填海造陆而建成的机场。如果将填海的沙石以 1 米厚、10 米宽排列铺路，其长度相当于北京到深圳一个来回还要多。据说，澳门人休闲时的一个重要节目，就是去看各种大工程的修建，澳门机场也是在澳门人的追看下建成的。

澳门的国际航班很多，在 2 小时之内便可以抵达东南亚的很多城市。另

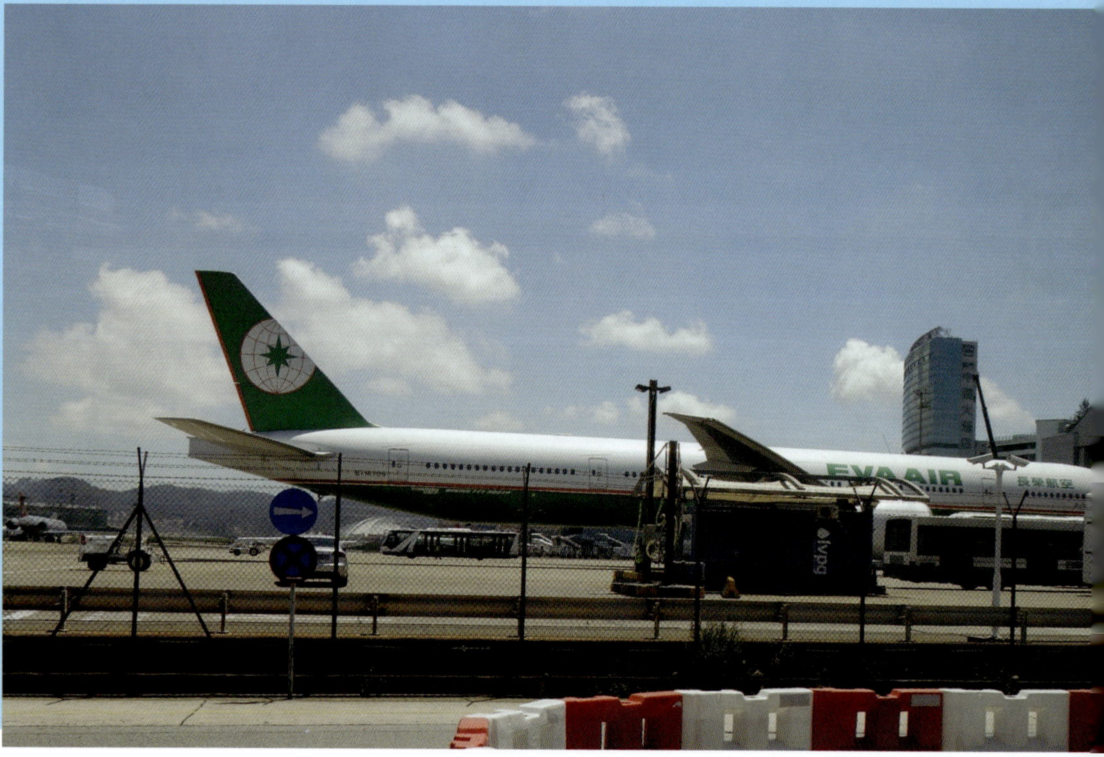

外，往返深、港、澳最快捷的方式就数直升机了。直升机坪设在外港客运码头，穿梭来往港澳的航程大约为15分钟，每隔半小时有一班次，在繁忙时间更加至每15分钟一班。来往澳门与深圳的直升机服务，每天5班次。20分钟不到的航程力求以最方便最快捷的方式服务于高端的游客和商业人士。

公交、的士、发财巴还有在建轻轨所构成的立体交通

除去两个离岛,澳门半岛的总面积只有9.3平方公里,因此景点与景点之间的距离很近,常常是转个弯就到,车程不过5分钟。在这样的城市旅行,少了挨出租车司机宰的担心,多了闲庭信步的雅兴。也正因为它的小,使得澳门的人口和汽车的密度高居世界榜首,如人口密度最高的是黑沙环和佑汉区,每平方公里的人口超过14万人;而如果澳门车辆全都开出的话,每公里的路面上就要塞上600多辆汽车。澳门也就当仁不让地因此被记入《吉尼斯世界纪录大全》。但是这样高密度的人群车流并没有让澳门陷入交通堵塞的困境中,相反,澳门大街上呈现出来的是人车和谐共处的太平盛景。

按照澳门相关交通规定,机动车辆必须遵循"车让人"。所以,澳门的出租车司机见到前方有行人,就会立即减速让行。在澳门,很少有瞒

骗乘客、故意绕行的欺诈行为。

澳门的出租车有两款，一款是黑色车身奶黄色车顶，而另一款是鲜黄色。出租车起步价（首1600米）收费澳门币19元，之后每240米加收2元，停车候客收费每分钟2元，如有大件行李则每件加收3元。从澳门往路环，除了车资外，另收附加费5元；氹仔往路环加收附加费2元。但由澳门往氹仔或由两离岛返回澳门，则无须加收任何附加费。此外，在氹仔客运码头及澳门大学站上车需收附加费5元。

98
Reason

跟着感觉走,迷失在澳门

回想一下电影《放·逐》里那些让人印象深刻的小街小巷,还有《伊莎贝拉》里梁洛施骑着小电单车穿过的斑驳路影,你会惊叹于中西历史、传统文化、人文特色竟能如此巧妙地结合到一起,渗透到澳门的大街小巷。这些热闹非凡的小食街、琳琅满目的购物街、清静的优雅小街,都深深地吸引了众多的游客和摄影爱好者,像"恋爱巷"这样可爱的街道名字更是给人留下深刻的印象。你一定要置身其中,才能感受澳门与众不同的小巷文化。

在澳门有太多让人怀旧的景致,但经典的莫过于老爷车了吧。坐上老爷车,穿梭在充满西方韵味的街巷中,瞬间会以为自己便是西方贵族。

人力三轮车是澳门极富特色的交通工具。虽然其款式古老、车速缓慢,现时已不用作公共交通工具,但却是一种很好的旅游交通工具,尤其是乘坐人力三轮车漫游南湾、西湾一带,微风阵阵,风景宜人,令人有尘虑尽消的

感觉。人力三轮车并无统一的收费标准，上车之前应先与车主议价。

如果厌倦了匆忙的游览脚步，骑上自行车慢悠悠地逛一下澳门，你也许会发现这座城市独特的一面。沐浴阵阵微风，感受澳门美丽的街景，轻松缓慢的游览会让你惊喜于旅行也能如此惬意。

想怎么走,就怎么走,我的地盘我做主

在澳门的1天，可以这样玩：

澳门暴走路线

威尼斯人酒店—龙环葡韵（住宅式博物馆）—盛世莲花广场—葡萄酒博物馆—渔人码头—新八佰伴—卢家大屋—议事亭—大三巴牌坊—大炮台—澳门博物馆—白鸽巢公园

精华澳门路线

上午：东望洋山炮台—东望洋山堡垒—圣母雪地殿教堂—澳门博物馆—大三巴牌坊—玫瑰圣母教堂—议事亭前地

下午：妈阁庙—主教山小堂—西湾至海边沿途游览—盛世莲花广场—葡萄酒博物馆

在澳门的2天，可以这样玩：

澳门自助路线

D1：关闸—观音堂—大三巴牌坊—澳门博物馆—孙中山纪念馆—东望洋堡垒和灯塔—卢廉若公园—妈阁庙—海事博物馆—西望洋教堂—民政总署（议事亭）—玫瑰堂

D2：氹仔村—赛马会—菩提禅院—观音岩—路环市区—圣方济各教堂—谭公庙—黑沙村及海滩

经典澳门路线

D1 上午：妈阁庙 - 西望洋山 - 海事博物馆 - 新马路

D1 下午：民政总署—玫瑰圣母堂—大三巴牌坊—大炮台—澳门博物馆 - 葡京娱乐场 - 新马路 - 黑沙滩夜游

D2 上午：金沙娱乐场 - 渔人码头 - 金莲花广场 - 葡萄酒、大赛车博物馆

D2 下午：新八佰伴—官也街 - 东望洋山 - 澳门观光塔

潮品达人路线

D1：新马路—白马行—板樟堂街—信达城—议事亭前地—南湾音乐喷泉—主教山小堂—融合门—澳门旅游塔

D2：永利名店街—澳门文化中心—澳门艺术博物馆—文华东方酒店—渔人码头—盛世莲花广场—新八佰伴

饕餮美食路线

D1：议事亭前地—板樟堂街—白马行—新马路—南湾大马路—新八佰伴—渔人码头—葡萄酒博物馆

D2：氹仔菩提禅院—官也街—氹仔威尼斯人度假村酒店—黑沙滩

浪漫恋歌路线

D1：议事亭前地—板樟堂街—大三巴牌坊—耶稣会纪念广场—大炮台—澳门博物馆—大三巴哪吒庙—旧城墙遗址—圣安多尼教堂

D2：新八佰伴—盛世莲花广场—大赛车博物馆—葡萄酒博物馆—龙环葡韵—四面佛—圣方济各圣堂—黑沙海滩

亲子同乐路线

D1：议事亭前地—民政总署大楼—仁慈堂—玫瑰圣母教堂—三街会馆—卢家大屋—何东图书馆—岗顶剧院—新八佰伴—渔人码头—大赛车博物馆—葡萄酒博物馆—盛世莲花广场

D2：龙环葡韵—官也街—菩提禅院—路环黑沙滩—谭公庙—石排湾郊野公园—土地暨自然博物馆

在澳门的3天，可以这样玩：

精彩澳门路线

D1 上午：主教山小堂—妈阁庙—海事博物馆—融和门—澳门旅游塔

D1 下午：大三巴牌坊—大炮台—澳门博物馆—玫瑰圣母教堂—议事亭前地

D2 上午：卢廉若公园—观音庙—关闸—莲峰庙

D2 下午：澳门旅游塔—大赛车博物馆—葡萄酒博物馆—东望洋山堡垒和灯塔—澳门文化中心

D3 上午：氹仔村—住宅式博物馆—路环妈祖像—圣方济各圣堂

D3 下午：黑沙滩

澳门寻遗路线

D1：莲峰庙—望厦山—望厦炮台—观音堂—卢廉若公园—孙中山纪念馆—东望洋山—东望洋炮台—东望洋灯塔—圣母雪地殿教堂

D2：议事亭前地—民政总署大楼—仁慈堂—玫瑰圣母教堂—三街会馆—卢家大屋—主教座堂—福隆新街—圣约瑟修院及圣堂—何东图书馆—圣奥斯汀教堂—岗顶剧院—圣老楞佐教堂—郑家大屋—亚婆井前地—港务局大楼—妈阁庙

D3：大三巴牌坊—耶稣会纪念广场—大炮台—澳门博物馆—哪吒庙—旧城墙遗址—圣安多尼教堂—白鸽巢公园—东方基金会会所—基督教坟场—马礼逊教堂

"腐女败家"路线

D1：议事亭前地—板樟堂街—白马行—新马路—卖草地街—大三巴街—果栏街—花王堂街

D2：高士德大马路—荷兰园大马路—三盏灯区域—葡京酒店—置地广场酒店—渔人码头—大赛车博物馆—葡萄酒博物馆

D3：澳门赛马会—官也街假日市集—威尼斯人度假村酒店—黑沙滩

100 Reason

想住哪里，就住哪里，澳门处处有你舒适的家

　　澳门有很多称得上是"欧洲风情""真正的度假地"的精致酒店。从设备一流的五星级酒店到经济的旅馆、从别墅到公寓处处皆有,可随意选择入住。有的富丽堂皇、有的浪漫优雅,有的历史已长达好几个世纪。

　　每逢周末、假期、节日、大赛车期间及七八月旅游旺季,澳门的酒店和旅馆经常客满。因此赴澳之前最好先预订房间,以免到时徘徊街头。当然,在旅游淡季,有的酒店也会有折扣优惠。

五星级酒店

★★★★★

Tips：预约方法

中国内地旅客从珠海进入澳门，可提前于内地互联网预订酒店，亦可于口岸附近的大小旅行社预订，一般在珠海拱北口岸、澳门港澳码头两大出入境口岸附近的旅行社分布较多。若进入澳门后找不到旅行社，亦可拨打专业的澳门订房和机票预订服务电话：（00853）28701912。

在香港地铁站内经营票类服务的"地铁旅游服务中心"或中国旅行社（电话：22157161）购买折扣券。如果想更便宜，可以在上环的轮渡码头大厅的三层的各旅行社，购买酒店与渡船票套票。无论何种方法，周末的住宿费都要贵一些。

澳门所有的酒店均有空调和私人卫浴设备（特别规定者除外）。费用除房费外，还有10%的服务费和5%的政府税。

永利皇宫
地址：路氹体育馆大马路西50米，近飞机场圆形地。
Tel: (853) 8889 8889

澳门新濠影汇酒店
地址：路氹连贯公路，比邻莲花大桥，连接横琴岛的出入境检查站
Tel: (853) 8865 6868

澳门罗斯福酒店
地址：路氹东亚运大马路，赛马会旁
Tel: (853)2882 0100

澳门百老汇酒店
地址：路氹南部游艇码头临近西提园形地
Tel:（853）8883 3998

澳门励宫酒店
地址：澳门友谊大马路澳门渔人码头励宫酒店
Tel: (853) 8801 880

澳门瑞吉金沙城中心酒店
地址：路氹连贯公路金光大道，靠近莲花海滨大马路
Tel: (853) 2882 8898

澳门丽思卡尔顿酒店
地址：路氹「澳门银河TM」综合度假城内，望德圣母湾大马路
Tel:（853）8886 6868

美狮美高梅
地址：路氹体育馆大马路
Tel: (853) 8806 8888

澳门皇冠假日酒店
地址：澳门东方明珠街，君悦湾第七座
Tel:（853）2888 6888

澳门JW万豪酒店
地址：路氹城莲花海滨大马路
Tel:（853）8886 6888

澳门巴黎人
地址：路氹金光大道连贯公路
Tel:（853）2882 8827

新葡京酒店
地址：澳门葡京路
Tel:（853）28283838

澳门美高梅金殿酒店
地址：澳门孙逸仙大马路1101号
Tel:（853）88028888

CROWN TOWERS
地址：澳门路氹城连贯公路及澳门科技大学之地段（新濠天地酒店）
Tel:（853）88686600

永利酒店
地址：澳门新口岸城市日大马路及仙德丽街
Tel:（853）28889966

金沙酒店
地址：澳门友谊大马路金沙娱乐场
Tel:（853）28883388

置地广场酒店
地址：澳门友谊大马路555号置地广场大厦
Tel:（853）28781781

金丽华酒店
地址：澳门友谊大马路956—1110号
Tel:（853）28567888

澳门君悦酒店
地址：路氹城连贯公路及澳门科技大学之地段（新濠天地酒店）
Tel:（853）88681234

星际酒店
地址：澳门新口岸友谊大马路与仙德丽街交汇处
Tel:（853）28333833

皇都酒店
地址：澳门得胜马路2-4号
Tel:（853）28552222

澳门四季酒店
地址：澳门路氹填海区连贯公路以西，望德圣母湾大马路以南，地段1第六区和第七区
Tel:（853）28818888

葡京酒店
地址：澳门亚马喇前地1号、3号及5号,葡京路2号及4号和贾罗布大马路1号及3号
Tel:（853）28883888

澳门喜来登金沙城中心酒店
地址：路氹城连贯公路第五及第六部分
Tel:（853）28802000

澳门金沙城中心康莱德酒店
地址：路氹城连贯公路第五及第六部分
Tel:（853）28829000

澳门威尼斯人酒店
地址：路氹填海区连贯公路以西，望德圣母湾大马路以南
Tel:（853）28828888

澳门威尼斯人酒店
地址：路氹填海区连贯公路以西，望德圣母湾大马路以南
Tel:（853）28828888

鹭环海天度假酒店
地址：路环黑沙马路1918号
Tel:（853）28871111

澳门悦榕庄
地址：路氹填海区，莲花海滨大马路东面及望德圣母湾大马路南面
Tel:（853）88935629

澳门银河酒店
地址：路氹填海区，莲花海滨大马路东面及望德圣母湾大马路南面
Tel:（853）88935629

澳门凯旋门酒店
地址：澳门新口岸 A2/j 地段
Tel:（853）28223388

澳门十六浦索菲特大酒店
地址：澳门火船头街及巴素打尔古街内港12A号至20号码头之间
Tel:（853）88610016

澳门圣地牙哥古堡
地址：澳门西湾民国大马路圣地亚哥古堡
Tel:（853）28378111

澳门大仓酒店
地址：路氹填海区莲花海滨大马路及望德圣母湾大马路南面
Tel:（853）88935629

濠璟酒店
地址：高可宁绅士街7号至13号
Tel:（853）28339955

澳门文华东方酒店
地址：澳门新口岸孙逸仙大马路
Tel:（853）88058888

丽景湾酒店
地址：氹仔史伯泰海军将军马路2号
Tel:（853）28831234

四星级酒店
★★★★

HARD ROCK HOTEL
地址：路氹城连贯公路及澳门科技大学之地段（新濠天地）
Tel:（853）88683338

皇庭海景酒店
地址：氹仔马场以南，氹仔和路环两岛之间空地西北方
Tel:（853）28838333

竹湾酒店
地址：路环竹湾海滩旁边
Tel:（853）28882143,28882144

利澳酒店
地址：澳门新口岸高美士街
Tel:（853）28718718

金沙城中心假日酒店
地址：路氹城连贯公路第五及第六部分
Tel:（853）28282228

君怡酒店
地址：氹仔柯维纳马路142号和佛山街16号
Tel:（853）28837788

澳门假日酒店
地址：澳门新口岸北京街82—86号
Tel:（853）28783333

金皇冠中国大酒店
地址：氹仔鸡颈马路临近澳门国际机场I地段
Tel:（853）28851166

澳门富豪酒店
地址：澳门罗理基博士大马路70号、86号、94号、98号和106号
Tel:（853）28782288

金龙酒店
地址：新口岸友谊大马路及马六甲街之交叉点
Tel:（853）28361999

总统酒店
地址：友谊大马路355号
Tel:（853）28553888

皇家金堡酒店
地址：罗理基博士大马路1118号
Tel:（853）28726288

骏景酒店
地址：氹仔新城市中心第23地段B
Tel:（853）28839933

励庭海景酒店
地址：澳门友谊大马路，旅游及娱乐综合设施"渔人码头"内
Tel:（853）87996688

三星级酒店
★★★

京都酒店
地址：澳门南湾大马路493号和501号
Tel:（853）28388166

华都酒店
地址：澳门新口岸填海区6J地段
Tel:（853）28886688

东望洋酒店
地址：澳门地厘古工程师马路1号至5号侧门设于CalçadadoPaiol,25号
Tel:（853）28513888

帝濠酒店
地址：澳门上海街51号和北京街106-I号
Tel:（853）28781888

新丽华酒店
地址：约翰四世大马路58-62号
Tel:（853）28710111

英皇娱乐酒店
地址：澳门商业大马路251—292D号
Tel:（853）28889988

维多利亚酒店
地址：黑沙环拱形马路118号
Tel:（853）28556688

格兰酒店
地址：氹仔嘉乐总督大马路822号
Tel:（853）28821666

澳门富华粤海酒店
地址：澳门俾利喇街98号至102号
Tel:（853）28553838

财神酒店
地址：澳门广州街49号、57号和63号；殷丰素王前地76号、80号和90号及佛山街48号A至48号G,56号、60号、62号、64号和78号
Tel:（853）28786333

澳门兰桂坊
地址：澳门厦门街34号A和高美士街230号
Tel:（853）28800888

港湾大酒店
地址：澳门林茂巷8号
Tel:（853）28839391；66690382

Youth Hotel 青年旅社

交 通

黑沙青年旅舍

路环海滨路黑沙龙角

Tel：（853）28882701

Fax：（853）28881112

1. 从拱北口岸过关后就有公交车站，可乘 25 路到倒数第二个站（海兰花园）下车。
2. 从粤通码头（可乘船到深圳的蛇口）可坐 21A 到海兰花园站下车。
3. 可乘 26A/21A 到新马路（澳门的市中心），可到澳门有名的景点大三巴等。

竹湾青年旅舍

路环法令司士古街（竹湾海滩斜坡顶）

Tel：（853）28882024

Fax：（853）28882024

住宿价格：（以澳门币计算，每床位计）

	本地使用者			外地使用者		
	大房	4人房	2人房	大房	4人房	2人房
星期日至星期五	$50	$60	$80	$100	$120	$160
星期六、公众假期前夕及公众假期	$60	$80	$110	$120	$160	$220

旅社简介：

青年旅舍入住资格

1. 参加 DSEJ 举办的活动的个人或组织；
2. 本地青年组织或学校；
3. 持有国际青年卡或国际青年旅舍卡的非本地居民；
4. 其他的本地或国外组织；
5. 澳门居民申请年龄在 15 ～ 45 岁之间。

设施服务：

三间 16 人大房、十间 4 人大房和六间双人房（各房内设有独立的浴室及洗手间）、厨房（内设 2 个雪柜、微波炉及电饭碗）、冷气、电视机及烧烤炉。

Shopping Center 名店汇

序号	名称	店址
1	Abiste	Galaxy Macau 银河酒店
2	Alfred Dunhill 艾尔弗雷德·登喜路	The City of Dreams 新濠天地酒店 Wynn Esplanade 永利澳门名店街 Grand Lapa Hotel 金丽华酒店
3	Agnes b. 阿尼亚斯贝	Grand Canal Shoppes, The Venetian 威尼斯人大运河购物中心 Shoppes at Four Seasons 四季名店
4	Aquascutum 雅格狮丹	Shoppes at Four Seasons 四季名店
5	Armani Collezioni 阿玛尼黑标	Shoppes at Four Seasons 四季名店
6	Audemars Piguet 爱彼表	Shoppes at Four Seasons 四季名店
7	Bally 巴利	The City of Dreams 新濠天地酒店 DFS Galleria, The Four Seasons 四季酒店 DFS 环球免税店 Grand Lapa Hotel 金丽华酒店 One Central 壹号广场
8	Bang & Olufen 奢华视听品牌 B&O	One Central 壹号广场
9	Bottega Veneta 宝缇嘉	One Central 壹号广场 Shoppes at the Four Seasons 四季名店 Sands Cotai Central 金沙城中心酒店
10	Brioni 布莱奥尼	Shoppes at Four Seasons 四季名店
11	Boucheron 宝诗龙	Grand Canal Shoppes, The Venetian 威尼斯人大运河购物中心
12	Burberry 巴宝莉	DFS Galleria, The Four Seasons 四季酒店 DFS 环球免税店 One Central 壹号广场 The City of Dreams 新濠天地酒店

13	Brooks Brothers 布克兄弟	Grand Canal Shoppes,The Venetian 威尼斯人大运河购物中心
14	Bulagri 宝格丽	Grand Canal Shoppes,The Venetian One Central 威尼斯人大运河购物中心 Wynn Esplanade 永利澳门名店街
15	Canali 康纳利	Shoppesat the Four Seasons 四季名店
16	Carl F.Bucherer 宝齐莱	Grand Canal Shoppes,The Venetian 威尼斯人大运河购物中心
17	Cartier 卡地亚	DFS Galleria,The Four Seasons Grand Lapa Hotel 四季酒店 DFS 环球免税店 One Central 壹号广场 The City of Dreams 新濠天地酒店 Esplanadeat Encore 永利澳门万利酒店
18	Celine 赛琳	DFS Galleria,The Four Seasons 四季酒店 DFS 环球免税店 One Central 壹号广场
19	Cerruti 1881 切瑞蒂	Shoppes at Four Seasons 四季名店
20	Chanel 香奈儿	DFS Galleria,The Four Seasons 四季酒店 DFS 环球免税店
21	Chaumet 尚美	DFS Galleria,The Four Seasons 四季酒店 DFS 环球免税店
22	Chole 寇依	DFS Galleria,The Four Seasons 四季酒店 DFS 环球免税店
23	Christian Dior 克里斯汀·迪奥	DFS Galleria,The Four Seasons 四季酒店 DFS 环球免税店 One Central 壹号广场
24	Chopard 萧邦	DFS Galleria,The Four Seasons 四季酒店 DFS 环球免税店 Grand Canal Shoppes,The Venetian 威尼斯人大运河购物中心
25	Cigar Emporium 雪茄专门店	Wynn Esplanade 永利澳门名店街 Sands Cotai Central 金沙城中心酒店
26	CK Calvin Klein	One Central 壹号广场 Galaxy Macau 澳门银河酒店
27	Coach 蔻驰	Grand Canal Shoppes,The Venetian 威尼斯人大运河购物中心 The City of Dreams 新濠天地酒店

28	Cole Haan 歌涵	Shoppes at Four Seasons 四季名店 The City of Dreams 新濠天地酒店
29	Damiani 达米阿尼	Grand Canal Shoppes,The Venetian 威尼斯人大运河购物中心 One Central 壹号广场
30	Davidoff 大卫杜夫	Grand Canal Shoppes,The Venetian 威尼斯人大运河购物中心 Galaxy Macau 澳门银河酒店
31	David Yuman 大卫·雅曼	Shoppes at Four Seasons 四季名店
32	De Beers 戴比尔斯	DFS Galleria,The Four Seasons 四季酒店 DFS 环球免税店
33	Diamond SA 南非钻石	Shoppes at Four Seasons 四季名店
34	Diane Von Furstenberg 黛安·冯笑丝汀宝	Shoppes at Four Seasons 四季名店
35	DNKY 唐娜·凯伦纽约	Sands Cotai Central 金沙城中心酒店
36	Dolce & Gabbana 杜嘉班纳	One Central 壹号广场
37	Emporio Armani 安普里奥·阿玛尼	DFS Galleria,The Four Seasons 四季酒店 DFS 环球免税店 Grand Canal Shoppes,The Venetian 威尼斯人大运河购物中心 Grand Lapa Hotel 金丽华酒店 One Central 壹号广场 The City of Dreams 新濠天地酒店
38	Emengelido Zegna 杰尼亚	One Central 壹号广场 Wynn Esplanade 永利澳门名店街
39	Europe Watch Company 欧洲坊	One Central 壹号广场
40	Fabio Caviglia 法比奥	Grand Canal Shoppes,The Venetian 威尼斯人大运河购物中心 One Central 壹号广场
41	Fendi 芬迪	DFS Galleria,The Four Seasons 四季酒店 DFS 环球免税店 One Central 壹号广场
42	Ferrari 法拉利	Wynn Esplanade 永利澳门名店街

43	Francesco Biasia Francesco Biasia	Grand Canal Shoppes,The Venetian 威尼斯人大运河购物中心
44	Franck Muller 法兰穆勒	Grand Canal Shoppes,The Venetian 威尼斯人大运河购物中心
45	Gieves & Hawkes 君皇仕	Shoppes at Four Seasons 四季名店
46	Giorgio Armani 乔治·阿玛尼	DFS Galleria,The Four Seasons 四季酒店 DFS 环球免税店 Wynn Esplanade 永利澳门名店街
47	Giuseppe Zanotti 朱塞佩·萨诺第	Shoppes at Four Seasons 四季名店
48	Givenchy 纪梵希	Shoppes at Four Seasons 四季名店
49	Glashutte Original 格拉苏蒂	Grand Canal Shoppes,The Venetian 威尼斯人大运河购物中心
50	Gold Vish S.A.	Shoppes at Four Seasons 四季名店
51	Gucci 古琦	DFS Galleria,The Four Seasons 四季酒店 DFS 环球免税店 One Central 壹号广场 The City of Dreams 新濠天地酒店 Wynn Esplanade 永利澳门名店街 Sands Cotai Central 金沙城中心酒店
52	Hermes 爱马仕	DFS Galleria,The Four Seasons 四季酒店 DFS 环球免税店 Grand Lapa Hotel 金丽华酒店 One Central 壹号广场 Wynn Esplanade 永利澳门名店街
53	Hublot 宇舶表	The City of Dreams 新濠天地酒店
54	Hugo Boss 胡戈·波士	Shoppes at Four Seasons 四季名店 One Central 壹号广场 The City of Dreams 新濠天地酒店 Wynn Esplanade 永利澳门名店街
55	IWC 万国表	DFS Galleria,The Four Seasons 四季酒店 DFS 环球免税店 Galaxy Macau 澳门银河酒店
56	Jaeger-LeCoultre 积家	Galaxy Macau 澳门银河酒店 Wynn Esplanade 永利澳门名店街 Shoppes at Four Seasons 四季名店

57	Jaquet Droz 雅克·德罗	Grand Canal Shoppes,The Venetian 威尼斯人大运河购物中心
58	Juicy Couture 橘滋	Shoppes at Four Seasons 四季名店
59	Kate Spade 凯特·丝蓓	Shoppes at Four Seasons 四季名店
60	Kenzo 高田贤三	One Central 壹号广场 Shoppes at Four Seasons 四季名店
61	Lancel 兰姿	Grand Canal Shoppes,The Venetian 威尼斯人大运河购物中心 One Central 壹号广场 Shoppes at Four Seasons 四季名店
62	La Perla	Shoppes at Four Seasons 四季名店
63	Leonard 李奥纳德	One Central 壹号广场
64	Linksof London	Grand Canal Shoppes,The Venetian 威尼斯人大运河购物中心
65	Loro Piana 罗洛·皮雅纳	One Central 壹号广场
66	Louis Vuitton 路易·威登	DFS Galleria,The Four Seasons 四季酒店 DFS 环球免税店 Grand Lapa Hotel 金丽华酒店 One Central 壹号广场 Wynn Esplanade 永利澳门名店街
67	Loewe 罗威	DFS Galleria,The Four Seasons 四季酒店 DFS 环球免税店 One Central 壹号广场
68	LukFook 六福珠宝	Galaxy Macau 澳门银河酒店 Grand Canal Shoppes,The Venetian 威尼斯人大运河购物中心
69	Marcby MarcJacobs 马克·雅各布布之马克	One Central 壹号广场 Shoppes at Four Seasons 四季名店 The City of Dreams 新濠天地酒店
70	Marni 玛尼	Shoppes at Four Seasons 四季名店
71	MaxMara 麦丝玛拉	Shoppes at Four Seasons 四季名店 One Central 壹号广场

72	Maubossin 梦宝星	Grand Canal Shoppes,The Venetian 威尼斯人大运河购物中心
73	Mikimoto 御木本珠宝	Grand Canal Shoppes,The Venetian 威尼斯人大运河购物中心
74	Missoni 米索尼	Grand Canal Shoppes,The Venetian 威尼斯人大运河购物中心
75	MiuMiu 缪缪	Wynn Esplanade 永利澳门名店街
76	Montblanc 万宝龙	Grand Canal Shoppes,The Venetian 威尼斯人大运河购物中心 One Central 壹号广场
77	Officine Panerai 沛纳海	One Central 壹号广场
78	Omega 欧米茄	DFS Galleria,The Four Seasons 四季酒店DFS环球免税店 Grand Canal Shoppes,The Venetian 威尼斯人大运河购物中心 The City of Dreams 新濠天地酒店 Shoppes at Four Seasons 四季名店 Sandsco ati Central 金沙城中心酒店 Macau Landmark 澳门置地广场酒店 Macau Square 澳门广场
79	Pal Zileri 伯爵莱利	One Central 壹号广场
80	Piaget 伯爵	Grand Canal Shoppes,The Venetian 威尼斯人大运河购物中心 Esplanate at Encore 永利澳门万利酒店 Wynn Esplanade 永利澳门名店街 Galaxy Macau 澳门银河酒店
81	Prada 普拉达	DFS Galleria,The Four Seasons 四季酒店DFS环球免税店
82	Rado 雷达	Grand Canal Shoppes,The Venetian 威尼斯人大运河购物中心 The City of Dreams 新濠天地酒店
83	Ral phLauren 拉夫·劳伦	DFS Galleria,The Four Seasons 四季酒店DFS环球免税店 One Central 壹号广场 The City of Dreams 新濠天地酒店

84	Rich Jade 富御珠宝	Grand Canal Shoppes,The Venetian 威尼斯人大运河购物中心
85	Richard Mille 瑞驰·迈迪	Grand Canal Shoppes,The Venetian 威尼斯人大运河购物中心
86	Rimowa 日墨瓦	Grand Canal Shoppes,The Venetian 威尼斯人大运河购物中心 One Central 壹号广场 Galaxy Macau 澳门银河酒店
87	Roberto Cavalli Classand Cesare Paciotti	Shoppes at Four Seasons 四季名店
88	Roger Dubuis 罗杰杜彼	Galaxy Macau 澳门银河酒店
89	Rolex 劳力士	The City of Dreams 新濠天地酒店 Wynn Esplanade 永利澳门名店街
90	Salvatore Ferragamo 萨尔瓦托勒·菲拉格慕	DFS Galleria,The Four Seasons 四季酒店 DFS 环球免税店 One Central 壹号广场 The City of Dreams 新濠天地酒店
91	Shanghai Tang 上海滩	Shoppes at Four Seasons 四季名店
92	Samsonite Black Label 新秀丽黑标	One Central 壹号广场
93	Shiatzy Chen 夏姿·陈	One Central 壹号广场 Shoppes at Four Seasons 四季名店
94	S. T. Dupont 法国都彭	Grand Canal Shoppes,The Venetian 威尼斯人大运河购物中心
95	St. John 圣约翰	Shoppes at Four Seasons 四季名店
96	Smaltoby Paris	Grand Canal Shoppes,The Venetian 威尼斯人大运河购物中心
97	Stefano Ricci 史蒂芬劳·尼治	Shoppes at Four Seasons 四季名店
98	Swarovski 施华洛世奇水晶	DFS Galleria,The Four Seasons 四季酒店 DFS 环球免税店 Grand Canal Shoppes,The Venetian 威尼斯人大运河购物中心 One Central 壹号广场 The City of Dreams 新濠天地酒店

99	Tag Heuer 豪雅	DFS Galleria,The Four Seasons 四季酒店 DFS 环球免税店 The City of Dreams 新濠天地酒店
100	Thomas Sabo 汤武士世宝	Grand Canal Shoppes,The Venetian 威尼斯人大运河购物中心
101	Tiffany & Co. 蒂芙尼	Grand Canal Shoppes,The Venetian 威尼斯人大运河购物中心
102	Tod's 托德斯	DFS Galleria,The Four Seasons 四季酒店 DFS 环球免税店 One Central 壹号广场
103	ToninoLamborghini 兰博基尼	Grand Canal Shoppes,The Venetian 威尼斯人大运河购物中心
104	Tourneau 唐龙	Grand Canal Shoppes,The Venetian 威尼斯人大运河购物中心
105	Tudor 帝陀表	The City of Dreams 新濠天地酒店 Wynn Esplanade 永利澳门名店街
106	Vacheron Constatin 江诗丹顿	DFS Galleria,The Four Seasons 四季酒店 DFS 环球免税店
107	VanCleef & Arpels 梵克雅宝	DFS Galleria,The Four Seasons 四季酒店 DFS 环球免税店 Wynn Esplanade 永利澳门名店街 Galaxy Macau 澳门银河酒店
108	Versace 范思哲	Shoppes at Four Seasons 四季名店 Wynn Esplanade 永利澳门名店街
109	Versace Collection 范思哲高级成衣	Grand Lapa Hotel 金丽华酒店
110	Vertu 沃尔图	Grand Canal Shoppes,The Venetian 威尼斯人大运河购物中心 One Central 壹号广场 The City of Dreams 新濠天地酒店
111	Vivienne Westwood 薇薇恩·韦斯特伍德	The City of Dreams 新濠天地酒店
112	Yves Saint Laurent 伊夫圣罗兰	The City of Dreams 新濠天地酒店
113	Valentino 华伦天奴	Grand Lapa Hotel 金丽华酒店 Shoppes at Four Seasons 四季名店

H

澳門之最
WORLD RECORDS OF MACAU

　　澳门，小城也。它比想象中要小很多，但小而不拥挤，小而不凌乱。在澳门半岛仅9.3平方公里的土地上行走，当看到或听说有关"澳门第一"的事物，你可能会惊讶，为什么仅一掌之地的澳门，竟有那么多"第一"？

　　澳门历史建筑群是以澳门旧城区为核心，将相邻的广场和街道连为一体，包括大三巴牌坊、玫瑰堂、妈阁庙、基督教坟场、东望洋炮台等20多个古建筑，这是中国境内现存年代最久远、规模最大、保存最完整和最集中的中西建筑交相辉映的历史建筑群。这片区域是昔日华洋共处之地，至今基本保持着原貌，谁能忽视这里曾经开创的许多"中国第一"呢？

　　最早一批的天主教堂建筑、最古老的教堂遗址、最古老的西式炮台群、最古老的修道院、最古老的基督教坟场、第一座西式剧院、第一座现代化灯塔、第一所西式大学、第一所西式医院……

　　现在，就让我们循着历史的足迹，去回顾澳门这座小城的光辉往事。

1. 澳门大三巴牌坊闻名于世
2. 中美第一个不平等条约《望厦条约》
3. 大三巴是游客必去的景点之一
4. 大三巴哪吒庙展馆内的神龛展品

澳门之最

1 统计至2016年底,澳门人均GDP逾6.4万美元

澳门经济,大放异彩。据统计,2007年,澳门人均GDP增长25.3%,跃居亚洲第一位。统计至2016年底,澳门人均GDP逾6.4万美元。

2 世界最庞大的喷射船队

船队拥有喷射船、飞翔船、飞翼船、双体船共40多艘,往来港澳间的航线是世界上客轮最先进、航速最快、航班最密的一条航线。此外,澳门还拥有一支世界上最大的喷射船队,有10多艘"星"字号的喷射船,这些喷射船使用波音飞机的发动机,时速逾40海里,贴着水面飞航,澳门与香港40海里的航程,飞翼船队不到1小时便可到达。

3 世界外来游客超过本地人口最多的城市

根据澳门旅游局统计的数据显示,2016年入境澳门的旅客人数为3095万人次,同年澳门录得总人口约为64.4万人,即平均每1名澳门人接待48名游客。

4 亚洲最大单体酒店—威尼斯人度假村酒店

酒店共39层,设有3000多间的豪华客房。

5 亚洲第一所西式剧院—岗顶剧院

始建于1860年的岗顶剧院原名伯多禄五世剧院,是中国第一座西式剧院,昔日还曾是葡人社群聚会的重要场所。

6 中国第一份外文报纸—《蜜蜂华报》

《蜜蜂华报》于1822年9月12日在澳门创办。它不仅是澳门历史上的第一份报纸,也是中国第一份外文报纸。一共出版了67期。

7 亚洲第一所西式医院—白马行医院

白马行医院是1569年由澳门主教卡内罗创办的,由仁慈堂管理,被华人称为"医人庙"。1939年改建,现在已经成为葡萄牙驻港澳总领事馆。

8 远东第一所西式大学—圣保禄学院

圣保禄学院创办于1565年,最初为圣保禄公学,只有小学规模。1594年升为圣保禄学院,成为远东第一所西式大学。中国现代科学家徐光启曾在此修读。现在圣保禄学院已不复存在。

9 中国海岸首座现代灯塔—东望洋灯塔

灯塔建于1864年,位于澳门东望洋山上,又因耸立在松山松涛中而得名"松山灯塔"。"灯塔松涛"是澳门八景之一。澳门在世界地图中的地理坐标就是采用的东望洋灯塔的坐标。

10 世界首家典当业展示馆—德成按

建于1917年的德成按曾是澳门最大的当铺,直至1993年歇业。无论是外形建筑还是内部摆设,均保留了中国传统当铺的风貌。

11 中国最早的对外开放口岸之一

澳门由于其优越的地理位置,在500多年前就成为对外开放口岸。

12 银行网点密度最高的城市

在澳门有29家银行及其约212家分行,平均每平方公里就有7家银行,平均3000位市民就拥有1家银行,堪称世界上银行网点密度最高的地区之一。

13 世界上节日最多的城市之一

众多的节日使得澳门人民的生活丰富多彩。澳门不仅保留了中国民间的传统节日,也有葡萄牙的许多节日,还有宗教的复活节、追思节等等,当然也有世界性节日。此外,各行各业也都有自己的节日。

14 拥有的城市别称世界最多

澳门有许多别称,如香山澳、澳门街、马交、濠境澳、濠江、镜海、濠海、莲岛、妈阁、梳打埠等等。

15 世界人口密度最高的地区

澳门地少人多,平均每平方公里有2万人。

16 中国第一家眼科医院

1827年,英国东印度公司外科医生郭雷枢在澳门开办了中国第一家眼科医院。

17 中国第一所西式印刷厂

中国第一所以西方金属制版和印刷拉丁文字的印刷厂出现在澳门,即圣保禄学院附属印刷所。

18 世界最大规模的十二生肖雕塑

于 1999 年 12 月 20 日揭幕,是澳门政府在回归前最后兴建的一项艺术工程。如今,这十二生肖雕塑系列已成为澳门的文化标志和旅游景点。

19 亚洲第一个全民派钱的城市

自 2008 年开始,为应对通货膨胀,澳门政府向全民派钱。永久性居民可获 5000 元澳门元,非永久性居民可获 3000 元澳门元,澳门因此成为亚洲第一个全民派钱的城市,并且该金额会随着每年政府的财政收入及通胀指数而上升。

最新的 2018 年澳门财政年度报告中,将继续实施现金分享计划,其中,向永久性居民每人发放 9000 澳门元,非永久性居民每人发放 5400 澳门元。

20 澳门历史建筑群,是中国境内乃至亚洲现存年代最久远、规模最大、保存最完整和最集中的中西建筑互相辉映的历史建筑群

以妈阁庙、港务局大楼、郑家大屋、圣约瑟修院及圣堂、岗顶剧院、民政总署大楼、仁慈堂大楼、大三巴牌坊、哪吒庙、旧城墙遗址、大炮台、东望洋炮台等组成的澳门历史建筑群,是中国境内现存最古老、规模最大、保存最完整,也是最集中的以西式建筑遗产为主、中西最具特色的建筑共存的历史建筑群,更是历经 4 个多世纪,中西文化交流互补,多元共存的珍品。

澳门政府部门举办盛事推介

澳门基金会

澳门基金会的宗旨是为促进、发展和研究澳门的文化、社会、经济、教育、科学、学术及慈善活动，以及推广澳门的各项活动。其品牌活动包括举办"我心中的澳门"征文比赛，每年编纂《中西诗歌》《澳门研究》《澳门知识丛书》等书籍。近年，基金会举办"市民音乐会"和"澳门艺术家推广计划"，将高雅的乐团音乐带到市民中，及帮助澳门艺术家们对外宣传和推广。从历史到文化、从文学到艺术，澳门基金会每年举办和组织众多的文艺活动，丰富了澳门居民的文化生活，加深了澳门的文化底蕴。

旅游局

每年的下半年，由旅游局参与举办的一年一度的国际美食节、葡韵嘉年华、狂欢啤酒节和大型烟花汇演，吸引大批的游客慕名而来。常设的节目中国传统舞狮与葡萄牙土风舞，凸显中西文化的魅力。

文化局

文化局每年都会举办几个品牌活动,如澳门拉丁城区幻彩大巡游、澳门青年音乐比赛、澳门艺术节、澳门国际音乐节,均受到海内外人士的热烈欢迎。其中,拉丁城区幻彩大巡游始于2011年,每年均邀请来自世界各地不同表演队伍及数以百计的本地演艺精英,带领澳门市民及游客在澳门中心地带探秘历险,沿途载歌载舞,与民同乐,最后的压轴大型幻彩汇演,将充满梦幻、奇丽、缤纷的演出把整个活动推向高潮。

体育发展局

别看澳门小,但是澳门的体育活动却丰富多彩。一年一度的澳门国际马拉松赛、世界女子排球大奖赛、奥运体育雕塑展、亚洲武术锦标赛、国际龙舟赛,几乎每个月都有赛事,体育爱好者一定不能错过。

投资贸易促进局

澳门投资贸易促进局一直在为加强中国与葡语系国家的经贸合作与交流发挥着平台作用,目前交流领域已涉及旅游业、皮革业、金融业、广播业、电信业等诸多方面。在中国与葡语系国家企业合作投资洽谈活动中,澳门投资贸易促进局发挥着不可替代的作用。

展览馆和博物馆

澳门有众多的展览馆和博物馆，而且定期与世界各地顶级的文博机构合作，及更新展品，以此吸引来自全球的游客参观。其中，澳门博物馆常设的澳门历史、民间艺术与传统、当代澳门3个展览，结合多种形式立体地展现一个丰满的澳门形象；澳门艺术博物馆则每年底都与故宫博物院合作展出精品特展，如2012年底至2013年初的"君子比德——故宫珍藏清代玉器精品展"。此外，还有澳门回归纪念馆、科教文中心、通讯博物馆、典当业展示馆、龙环葡韵住宅式博物馆等均是游客观光的热门之选。

教育暨青年局

澳门教育青年局除了发展各类教育以外，还举办电影欣赏系列活动、儿童讲故事比赛、科学经验分享会、中华教育会资深教师作品展等，令大人和小孩都受益匪浅。

民政总署

民政总署举办的亲子共读、漫步澳门街、攀登比赛、圣诞树设计比赛、茶叶知识普及展等活动受到了市民的欢迎。另外，民署亦经常于民署大楼一楼展览厅及卢廉若公园春草堂举办各种艺术展览，并且每年都会举办大型的全民艺术狂欢活动——艺穗节，邀请世界各地文创人士和艺术团体参加，通常还会同时举办塔石艺墟创意市集，展示和售卖最新的文创产品。

澳门特别行政区格兰披治大赛车委员会

澳门格兰披治大赛车委员会（简称大赛车委员会）是澳门特别行政区政府社会文化司辖下的部门，主要负责每年一度在东望洋赛道的澳门格兰披治大赛车协调、筹备等一切工作；研制适合澳门格兰披治大赛车活动的管理模式；就"大赛车委员会"在运作上必需的人力资源进行甄选和有关培训工作；就举办澳门格兰披治大赛车所需的工程、财产及服务进行咨询及公开竞投并进行判给，并对之进行有关监督工作；确保取得令设施良好运作所需的财产及服务；编制"大赛车委员会"的财产清单。